Johann Beck / Norbert Beck

Hirnlos verkaufen war gestern

Johann Beck
Norbert Beck

Hirnlos verkaufen war gestern

Die Erfolgsstrategie
der Service-Weltmeister

Bibliografische Information der Deutschen Nationalbibliothek
Die Deutsche Nationalbibliothek verzeichnet diese Publikation in der
Deutschen Nationalbibliografie; detaillierte bibliografische Daten sind im Internet über
<http://dnb.d-nb.de> abrufbar.

1. Auflage 2011

Alle Rechte vorbehalten
© Gabler Verlag | Springer Fachmedien Wiesbaden GmbH 2011

Lektorat: Manuela Eckstein / Gabi Staupe

Gabler Verlag ist eine Marke von Springer Fachmedien.
Springer Fachmedien ist Teil der Fachverlagsgruppe Springer Science+Business Media.
www.gabler.de

Das Werk einschließlich aller seiner Teile ist urheberrechtlich geschützt. Jede Verwertung außerhalb der engen Grenzen des Urheberrechtsgesetzes ist ohne Zustimmung des Verlags unzulässig und strafbar. Das gilt insbesondere für Vervielfältigungen, Übersetzungen, Mikroverfilmungen und die Einspeicherung und Verarbeitung in elektronischen Systemen.

Die Wiedergabe von Gebrauchsnamen, Handelsnamen, Warenbezeichnungen usw. in diesem Werk berechtigt auch ohne besondere Kennzeichnung nicht zu der Annahme, dass solche Namen im Sinne der Warenzeichen- und Markenschutz-Gesetzgebung als frei zu betrachten wären und daher von jedermann benutzt werden dürften.

Umschlaggestaltung: KünkelLopka Medienentwicklung, Heidelberg
Satz: ITS Text und Satz Anne Fuchs, Bamberg
Druck und buchbinderische Verarbeitung: MercedesDruck, Berlin
Gedruckt auf säurefreiem und chlorfrei gebleichtem Papier
Printed in Germany

ISBN 978-3-8349-2577-0

Inhalt

Vorwort: Stellen Sie das hirnlose Verkaufen ein! 7

1. **Der Kaufknopf im Kundenkopf** 11
   1.1 Gute Werbung trifft die Brieftasche 11
   1.2 Emotionen sind der Boss im Hirn 13
       1.2.1 Das Emotionshirn kauft für uns ein 15
       1.2.2 Das Emotionshirn als Autopilot 15
       1.2.3 Drei Master-Programme im Emotionshirn 17
       1.2.4 Der neue Deal mit dem Kunden 20

2. **Servolation statt Manipulation** 21
   2.1 Positive Manipulation 21
   2.2 Ein neues Wort: Servolation 25
   2.3 Service-Weltmeister nutzen Servolation 25
       2.3.1 Servolation und Service-Dienstleistung 25
       2.3.2 Die Servolationsformel 26
       2.3.3 Servolation als Kundenmagnet 27
       2.3.4 Die Axt schleifen 36

3. **Wie Service-Weltmeister verführen** 37
   3.1 Den Augen schmeicheln 39
   3.2 Die richtigen Töne treffen 42
   3.3 Die Nase betören 46
   3.4 Die Haut streicheln 49
   3.5 Mit allen Sinnen verführen 50

4. **Wie Service-Weltmeister werben** 53
   4.1 Umsatzfaktor Sympathie 53
   4.2 Umsatzfaktor Vertrauen 59
   4.3 Schwärmen Sie! 63
   4.4 Anders werben als die anderen 66
   4.5 Wen wollen Sie verführen? 73
       4.5.1 Frauen oder Männer? 75

    4.5.2 Hochpreisig oder niedrigpreisig? 77
    4.5.3 Jung oder Alt? 78
  4.6 Mit Reklamationen Kunden begeistern 80
  4.7 Die Servicetrommel rühren 84

5. Wie Service-Weltmeister kommunizieren 87
  5.1 Placebos und Nocebos 87
  5.2 Der Chamäleon-Effekt 92
    5.2.1 Sich dem anderen anpassen 92
    5.2.2 Die Persönlichkeitstypen 92
    5.2.3 Tipps für die Persönlichkeitstypen 100
  5.3 Die gute alte Freundlichkeit 105
  5.4 Säbelzahntiger gibt's nicht mehr 109
  5.5 Der Smile-Watcher 113

6. Wie Service-Weltmeister Innovationen schaffen 119
  6.1 Erfinden Sie Service-Dienstleistungen 120
  6.2 Halten Sie nach Service-Innovationen Ausschau 122
  6.3 Beispiele für Innovationen 126
  6.4 Entscheidend ist die Relevanz 131

7. Wie Service-Weltmeister ins Kundenhirn schauen 133
  7.1 Die systemische Marktaufstellung 134
    7.1.1 Die einzelnen Schritte 136
    7.1.2 Erfolgsvoraussetzungen 141
  7.2 Die Kundenbefragung 143

8. Der Service-Navigator 147
  8.1 Servicequalität durch regelmäßige Optimierung 147
  8.2 Drei Instrumente für die Service-Optimierung 148
  8.3 Optimieren Sie Ihre Servicequalität
      wie die Service-Weltmeister 153

Schluss: Schnappen Sie den Kairos! 165
Literaturverzeichnis 167
Die Autoren 173

Vorwort: Stellen Sie das hirnlose Verkaufen ein!

Ein junger Leichtathlet schien mit einer Körpergröße von 1,93 Metern wie geschaffen für den Hochsprung. Er trainierte und trainierte, aber es wollte ihm einfach nicht gelingen, eine Höhe von mindestens 2,10 Metern zu überspringen. Das war aber die Voraussetzung, um national oder vielleicht sogar international mitmischen zu können. Eines Tages, als er im heimischen Garten einige Trainingssprünge absolvieren wollte, stand ihm ein Baum im Weg. Dadurch war er gezwungen, nicht direkt, sondern in einer Kurve anzulaufen. Das fühlte sich irgendwie gut an. Deshalb begann er zu experimentieren. Nicht nur beim Anlauf. Er fing an, die unmöglichsten Techniken auszuprobieren, um die Latte zu überspringen. Als sein Trainer das zum ersten Mal sah, versuchte er, dem Athleten die Experimentierfreude mit folgenden Worten auszureden: „So wird nichts aus dir. Besser wäre es, wenn du zum Zirkus gehen würdest." Der junge Mann ließ sich nicht beirren und gewann 1968 mit einer von ihm völlig neu entwickelten Technik die amerikanische Studentenmeisterschaft und danach die amerikanische Olympiaausscheidung. Bei den Olympischen Spielen in Mexiko faszinierte er das Publikum, weil er als Einziger nicht mit dem Scherensprung oder dem Bauchwälzer die Latte überquerte. Stattdessen lief er einen Bogen, drehte den Rumpf bei den letzten Schritten und überwand die Hochsprunglatte rücklings. Er holte mit 2,22 Metern – ohne jeglichen Fehlversuch – Gold und revolutionierte damit nebenbei den gesamten Hochsprung. Sein Name war Richard Douglas Fosbury. Seine Technik, der Fosbury-Flop, verhilft noch heute den Weltmeistern und Olympiasiegern zu immer neuen Höhen.

Warum erzählen wir diese Geschichte? Sie erinnert uns an das Verhalten vieler Unternehmen. Diese Unternehmen haben die allerbesten Voraussetzungen, versuchen aber ständig, die Messlatte, die die Kunden anlegen, mit einem Bauchwälzer oder einem Scherensprung zu überqueren. Sie trainieren und trainieren und springen und springen. Es gelingt einfach nicht, eine Höhe zu meistern, die Gold bringt. Das erzeugt Frust, Umsatzdruck, Kreditklemmen und Rabattschlachten. Das nagt an der Substanz, am unternehmerischen Selbstwertgefühl, an Motivation und Zuversicht. Dabei geht es nur darum, die Latte anders zu überwinden als bisher! Sehen Sie den Baum der scheinbar erdrückenden Konkurrenz? Stemmem Sie sich nicht mehr mit aller Macht dagegen! Laufen Sie in einer eleganten Kurve darum herum und überspringen Sie die Latte anders als die andern.

Zu oft verkaufen wir an den Gehirnen der Kunden vorbei oder wir sprechen mit den Hirnregionen, die unsere Wettbewerber bereits besetzt haben. Das ist so, als würden wir versuchen, einen Blinden mit bunten Bildern zu überzeugen, einen Tauben mit wundervoller Musik zu umgarnen oder einen Übersättigten mit einer Buttercremetorte zu locken. Mit einem Bauchwälzer kann heute kein Olympisches Gold im Hochsprung gewonnen werden. Das gelingt auch bei größter Anstrengung nicht, kostet aber sehr viel Kraft, Ressourcen und Energie.

Wir laden Sie deshalb ein, mit uns eine neue Technik des Verkaufens zu trainieren: die Strategie der Service-Weltmeister.

- Zum einen sind es Erkenntnisse und Erfahrungen, die wir aus unseren Service-Weltmeisterschaften (www.servicewm.de) gewinnen. Im Rahmen der Service WMs werten wir jedes Jahr bundesweit mehr als 100 000 Kundenbefragungen aus, um herauszufinden, was Kunden heute und in Zukunft wirklich wollen. Wir sehen uns unter den jährlich eintausend Unternehmen, die zum Wettbewerb antreten, diejenigen genau an, die durch ihre Erfolgsgeschichte hervorstechen. Wir analysieren, warum sie so erfolgreich sind. Schließlich führen wir intensive Gespräche mit vielen der 3 000 Führungskräfte, die pro Jahr die Veranstaltungen der Service WM besuchen.

- Die zweite Quelle für die Strategie der Service-Weltmeister sind Ergebnisse aus dem Neuromarketing. Ein extrem spannender neuer Wissenszweig, der vor allem von der modernen Gehirnforschung beeinflusst wird. Die Marketingabteilungen großer Unternehmen beginnen bereits, mit Neuromarketing zu arbeiten. Leider sehen wir in unseren Service-Weltmeisterschaften, dass im Mittelstand davon noch kaum etwas umgesetzt wird. Wenn überhaupt, dann intuitiv, aber nicht im Rahmen einer strategischen Ausrichtung. Ziel der Strategie der Service-Weltmeister und dieses Buches ist es deshalb vor allem, Erkenntnisse des Neuromarketings für den Mittelstand praxisnah nutzbar zu machen. Wir erlauben uns dabei, Sachverhalte auf das Wesentliche zu reduzieren und Metaphern und Beispiele zu verwenden. Das mag unser menschliches Gehirn nämlich besonders gern. Futter, das so aufbereitet ist, kann es am besten verarbeiten und für die Praxis fruchtbar machen. Genau das wollen wir erreichen.

Die Strategie der Service-Weltmeister weist Wege ins Gehirn des Kunden. Nicht, um ihn möglichst schnell über den Tisch zu ziehen, sondern um ihn auf einer ehrlichen, vertrauensvollen Basis zu umwerben, damit er sich wohlfühlt und immer wieder kommt. Damit er sich, wenn er unser Geschäft, unser Büro oder unseren Internetshop verlässt, bereits darauf freut, bald wieder bei uns kaufen zu dürfen. Dies erreichen wir, wenn wir endlich damit beginnen, unser Gehirn besser zu nutzen. Starten wir damit, es mit einer Vision zu füttern, einer Vision, wie wir in Zukunft verkaufen werden:

Ein kritischer Kunde legt die Messlatte besonders hoch. Ein Raunen geht durch die Kundenmenge, die uns gespannt zusieht. Wir nicken freundlich und lockern uns ein wenig. Mit einem inneren Lächeln, weil wir wissen, dass diese Höhe eigentlich keine Herausforderung für uns ist, laufen wir mit federnden Schritten an. Der Absprung ist wie immer flüssig, elegant und trotzdem dynamisch. Fast entspannt segeln wir in einer für die Kunden völlig neuen Art und Weise über die Latte. Zuerst sind die Kunden erstaunt, dann springen sie auf, klatschen begeistert Beifall und feiern uns mit einer La-Ola-Welle. Wir verneigen uns bescheiden und höflich, wachen auf und bemerken, dass noch ein langer Weg vor uns liegt, bevor diese Version wahr werden kann.

Also, worauf warten wir noch? Fangen wir an!

Mit herzlichen Service-Grüßen

Die Macher der Service-Weltmeisterschaft

JOHANN BECK und NORBERT BECK

1 Der Kaufknopf im Kundenkopf

Wussten Sie, dass Stripteasetänzerinnen während des Eisprungs mehr verdienen? Das haben Geoffrey Miller und Brent Jordan von der Universität von New Mexico in Albuquerque herausgefunden. Zur Zeit des Eisprungs wurde den Stripteasetänzerinnen das meiste Geld zugesteckt. Das erklärt sich aus einem weiteren Forschungsergebnis. Demnach verströmen Frauen während des Eisprungs verstärkt Pheromone, die wie Sexual-Lockstoffe wirken. Diese Pheromone können Männer mit dem Geruchssinn aufnehmen, ohne sie jedoch bewusst zu riechen. Sie sind den Pheromonen sozusagen bewusstlos ausgeliefert.

1.1 Gute Werbung trifft die Brieftasche

Pheromonen im menschlichen Körper schaffen das, was Vance Oakley Packard über gelungene Werbung sagt:

„Werbung ist die Kunst, auf den Kopf zu zielen und die Brieftasche zu treffen." *Vance Oakley Packard*

Mit Kopf meint Packard natürlich das Gehirn. Das können wir aber nur treffen, wenn wir in etwa wissen, wie es funktioniert, wie es tickt. Dazu sehen wir uns das oben erwähnte Forschungsergebnis noch einmal näher an, denn es zeigt das Grundprinzip menschlichen Verhaltens sehr eindrucksvoll.

Über unsere Sinne nehmen wir Informationen auf, und zwar viele Informationen. Genauer gesagt Millionen Bits an Informationen in jeder Sekunde. Im Gehirn werden diese Informationen dann verarbeitet. Allerdings nicht alle. Das würde auch das stärkste Gehirn nicht aushalten. Es würde in einem einzigen neuronalen Feuerwerk verglühen. Deshalb gibt es eine Funktion im Gehirn, die wichtige Informationen von unwichtigen trennt. Nur das Wichtige wird weiterverarbeitet. Daraus werden dann Verhaltensentscheidungen abgeleitet.

Millionen Bits an Informationen strömen jede Sekunde auf uns ein. Das Gehirn trennt Wichtiges von Unwichtigem und leitet daraus Verhaltensentscheidungen ab.

In unserem Striptease-Beispiel wurden vom Männerhirn vor allem die Informationen als wichtig empfunden, die der Geruchssinn aufgenommen hat. Gut, wir gehen davon aus, dass zusätzlich auch visuelle Informationen mit höchster Priorität eine Rolle spielten. Das Ergebnis der hirninternen Verarbeitung war dann jedenfalls die Entscheidung für ein bestimmtes Verhalten, nämlich Dollarscheine zu verteilen.

● *Aufgelesen*

Machos weich geklopft – Testosteron macht blind

Reklame mit Bildern nackter Frauen macht einer belgischen Studie zufolge Männer blind für überhöhte Preise. Vor allem ausgesprochene Machos hätten hier einen wunden Punkt, berichtete der flämische Rundfunksender VRT am Dienstag unter Berufung auf eine Untersuchung der Universität Löwen: Je mehr Testosteron, desto weniger Preisbewusstsein bei sexuellem Reiz.

„Machos sind normalerweise harte Verhandler, aber wenn man sie Nackt-Werbung aussetzt, werden sie plötzlich Schäfchen, die sich leicht an der Nase herumführen lassen", sagte Wirtschaftsprofessor Siegfried Dewitte der VRT. Auch Spontankäufe nähmen dann zu: „Wenn Männer ein Plakat mit einer Frau im Bikini oder in Unterwäsche sehen, werden sie schneller Genussmittel wie Filme, Gebäck oder Zigaretten wählen." Der Inhaber eines Zeitungsladens könne seinen Umsatz mit Zigaretten oder Süßigkeiten leicht steigern, wenn er ein Foto einer aufreizend gekleideten Frau aufhänge.

(http://www.n-tv.de/panorama/Testosteron-macht-blind-article21831.html)

Hören wir da die eine oder andere Leserin „typisch Männer!" seufzen? Dazu ist zu sagen, dass auch weibliche Gehirne die eine oder andere Angriffsfläche bieten. Ersetzen Sie die Stripteasetänzerinnen durch Schuhe. Schuhe in den neuesten Modefarben, von den angesagtesten Labels. Könnte es sein, dass da die eine oder andere Frau auch schwach wird?

● *Aufgelesen*

Die Deutschen lieben Schuhe, Frauen ganz besonders. Rund elf Paar besitzt jeder Bundesbürger im Durchschnitt, Frauen fast sechs Paar mehr als Männer ... Dies zeigt eine Umfrage des Produkt- und Preisvergleichsdienstes Shopping.com, eines eBay-Unternehmens, in Zusammenarbeit mit dem Marktforschungsinstitut TNS Infratest. Während mehr als drei Viertel aller Männer mit einem bis neun Paar Schuhen

> *vollauf zufrieden sind, begnügen sich nur 40 Prozent der Frauen mit dieser Menge. ... Knapp zwei Prozent der Frauen geben an, deutlich mehr als 50 Paar Schuhe zu besitzen. Fünf Prozent haben mit immerhin 30 bis 49 Exemplaren ihren Schuhschrank prall gefüllt.*
>
> (http://www.facebook.com/note.php?note_id=43573925632)

Zugegeben, dass Männer auf Testosteron-Reize und Frauen auf Schuh-Reize reagieren, ist nicht neu. Es gibt dazu Studien, Zeitungs- und Zeitschriftenartikel, Beiträge im Internet. Unzählige Bücher und die Comedians dieser Welt nudeln das Thema rauf und runter. Eigentlich müssten deshalb Frau und Mann Bescheid wissen und sich das Thema hinreichend bewusst gemacht haben. Warum lassen sich dann wie eh und je Frauen von Schuhen verführen und Männer sich von den Beinen in diesen Schuhen zu Spontankäufen animieren? Welche Prozesse finden da im Gehirn statt? Sehen wir uns das etwas genauer an.

Wie gesagt, unsere Sinne liefern Informationen an das Gehirn. Die Informationen werden analysiert und anschließend werden Verhaltensentscheidungen abgeleitet. Wer aber trifft die Entscheidungen? Vor allem zwei Bereiche im Gehirn sind beteiligt: das Denkhirn mit Sitz im Neocortex und das Emotionshirn mit Sitz im limbischen System.

Im Denkhirn sitzt das, was wir mit Verstand, Vernunft oder Ratio bezeichnen. Und das Verblüffende ist: Nicht das Denkhirn ist der Boss, sondern das Emotionshirn!

1.2 Emotionen sind der Boss im Hirn

Die Aussage, dass die Emotionen das Leben steuern, rüttelt an den Grundfesten eines Weltbilds, das seit Jahrhunderten unumstößlich schien: Der Mensch, das verstandgesteuerte Wesen. Grundsätzlich von Vernunft geleitet. Krone der Schöpfung. Es ist wie damals mit der Sonne und der Erde und der Frage, wer sich denn um wen dreht. In unserem Gehirn dreht sich alles um die Emotionen, die Gefühle und nicht um den Verstand. Laut Aussagen der Gehirnforscher werden bis zu 90 Prozent aller Entscheidungen vom Emotionshirn gefällt. In seinem Buch „Intuition – Die Weisheit der Gefühle" vertritt Wissenschaftsautor Gerald Traufetter gar die These, dass jede rationale Entscheidung intuitive Wurzeln hat.

Der Mensch ist also ein emotionsgeleitetes Wesen. Das Denkhirn arbeitet nur das ab, was das Emotionshirn entschieden hat. Es ist wie bei der Bundesregierung. Bundeskanzler und Minister entscheiden, die Ministerialbürokratie arbeitet die Entscheidungen ab.

Abbildung 1: Das Denkhirn und das Emotionshirn
Quelle: METATRAIN GmbH, www.metatrain.de

Das Emotionshirn arbeitet unterbewusst, verdeckt, im Untergrund, heimlich. Darum ist dem Denkhirn auch noch nicht klar, dass es nicht der Boss ist. Unser Denkhirn, unser bewusstes Ich, will schlichtweg nicht akzeptieren, dass uns das Emotionshirn aus dem Unterbewusstsein steuert. Oder ist Ihnen wohl bei dem Gedanken, dass Sie in einem Flugzeug durchs Leben rasen, das fast ausschließlich von Ihren Emotionen gelenkt wird? Emotionen, die Ihnen nicht einmal bewusst sind. Sehen Sie! Darum lässt uns das Emotionshirn in dem Glauben, unser Denkhirn hätte den Steuerknüppel in der Hand. Dabei hat das Emotionshirn längst das Ruder übernommen. Das ist auch der Grund, warum wir oft ganz woanders landen, als dort, wo wir mit unserem Denkhirn hingesteuert haben. Das Emotionshirn hat die Richtung vorgegeben und das Ziel bestimmt. Das Denkhirn dagegen hat nur mit einer Attrappe gespielt.

1.2.1 Das Emotionshirn kauft für uns ein

Letztendlich entscheiden die Emotionen. Das Denkhirn kann gerne diskutieren und muss dann meistens doch das machen, was das Emotionshirn entscheidet. Sogar Menschen, die versuchen, ihr Leben nur nach der Vernunft und dem Verstand auszurichten, leben meist völlig emotionsgesteuert.

In Bezug auf das Kaufen bedeutet das: Unser Emotionshirn kauft für uns ein. Zahlreiche Versuche und Studien belegen das. So wurde zum Beispiel aus einer Bäckerei der Duft des frischen Brots mit Spezialventilatoren direkt auf den Gehsteig geblasen. Dies führte zu einem Umsatzzuwachs von 25 Prozent. Noch ein Beispiel? North, Hargreaves und McKendrick verblüfften die Fachwelt mit ihrer populären Wein-Studie, in der Kaufentscheidungen für ganz bestimmte Weine durch das Einspielen von Musik leicht über der Wahrnehmungsschwelle beeinflusst wurden. In einem Supermarkt stellte man den Kunden je vier deutsche und französische Weine zur Auswahl. An einem Tag wurden französische Chansons knapp über der Hörschwelle gespielt. Das Ergebnis war ein erhöhter Umsatz an französischen Weinen. Am nächsten Tag das gleiche Spiel mit deutschen Volksliedern. Plötzlich schleppten die Kunden mehr deutschen Wein nach Hause. Bei Interviews wusste dann keiner warum. Sie können auch gerne einen Selbstversuch machen. Gehen Sie einmal satt und ein andermal hungrig in den Supermarkt. Danach vergleichen Sie die Kassenzettel. Dort werden Sie lesen, dass Ihr Emotionshirn Sie im hungrigen Zustand zu Hamsterkäufen getrieben hat.

1.2.2 Das Emotionshirn als Autopilot

Selbst ein Broker, der Millionenbeträge bewegt, lässt nicht den Verstand, sondern die Emotion walten. Auf den elektronischen Handelsplattformen hat er oft nur den Bruchteil einer Sekunde Zeit, um Entscheidungen zu treffen. Ein Klick und ein paar Millionen sausen über den Erdball von einem Konto auf ein anderes. In dieser Geschwindigkeit kann nur das Emotionshirn entscheiden. Allerdings wird kein Broker zu seinem Chef sagen, wenn er gerade ein paar Millionen Gewinn erzielt hat: „Ich hatte da so ein Gefühl in der linken Ecke meines Emotionshirns." Nein, es war dann natürlich ein nach allen Regeln der strategischen Kunst durchdachter Schachzug. Das Gleiche gilt, wenn er Millionen verzockt. Dann ist er nicht nur einem diffusen Gefühl gefolgt, sondern das Versagen basierte auf langfristig entwickelten Analysen auf gesicherter Datenbasis. Es gab eben einen Rechenfehler. Die Bankenkrise war eine Emotionshirnkrise, keine Denkhirnkrise!

Faszinierend ist dabei die Geschwindigkeit, mit der das Emotionshirn reagiert und uns steuert. Es verfügt über die Power-Kapazität von 11 000 000 Bit pro Sekunde. Das Denkhirn kommt da nicht ganz mit. Es kann gerade mal 50 Bit pro Sekunde verarbeiten. Bevor das Denkhirn auch nur „Piep" sagen kann, hat das Emotionshirn den Job schon erledigt. Das ist oft auch gut so.

Unser Denkhirn arbeitet mit 50 Bit pro Sekunde, unser Emotionshirn mit 11 000 000 Bit.

Stellen Sie sich zum Beispiel vor, Sie sind mit 180 km/h auf einer dreispurigen Autobahn auf dem Mittelstreifen unterwegs. Sie überholen gerade eine Lastwagenkolonne. Plötzlich schert kurz vor Ihnen ein Lastwagen aus. Wenn jetzt Ihr Denkhirn mit seinen 50 Bit anfangen würde: „Aha, Lastwagen schert aus, schätzungsweise Zehntonner. Soll ich jetzt sofort bremsen oder lieber links vorbei oder welche Möglichkeiten gibt es noch? Ich will mal eine Entscheidungsmatrix aufstellen ..." Beim Wort „Zehntonner" wären Sie wahrscheinlich bereits tot. Darum hat es die Evolution so eingerichtet, dass das Emotionshirn beim Ausscheren des Lastwagens alle Entscheidungen sofort vollständig übernimmt. Es denkt nicht, es handelt. Es tritt das Bremspedal bis zum Anschlag durch und reißt das Lenkrad nach links. Gleichzeitig schickt es über den siebten Sinn ein Stoßgebet in den Himmel, dass nicht gerade jetzt ein Porsche mit 220km/h auf der dritten Spur zum Überholen ansetzt. Gerettet! Ihr Herzschlag beruhigt sich, die Adrenalinzufuhr wird heruntergefahren, es wird kein Traubenzucker mehr in die Muskeln gepumpt, Transmitterstoffe für das Denkhirn werden ausgeschüttet. Sobald dadurch das Denkhirn wieder arbeitsfähig ist, erhält es vom Emotionshirn den Auftrag, darüber nachzudenken, was alles hätte passieren können. Zudem soll es sich fest vornehmen, nicht mehr so schnell zu fahren. Dieser Vorsatz hält dann so lange, bis dieser aufgemotzte Dacia auf der A9 kurz vor München doch tatsächlich versucht, Sie von der Überholspur zu drängen, auf der Sie gerade mit klimaschonenden 120 km/h unterwegs sind. Das Emotionshirn fährt hoch und tritt das Gaspedal durch.

Um schnell reagieren zu können, nutzt das Emotionshirn einen Trick. Während das Denkhirn immer neu kombiniert und Schlüsse zieht, arbeitet das Emotionshirn mit vorgefertigten Verhaltensprogrammen, die auf Knopfdruck ablaufen. Lastwagen schert aus! – Hindernisausweichprogramm sofort ausführen. Supersonderrabatt! – Kaufprogramm starten.

Das Emotionshirn verfügt über eine Vielzahl solcher Programme. Sie wurden ererbt oder im Laufe des Lebens erlernt. Sie funktionieren wie ein Autopilot, der uns durchs Leben steuert. Das spart Energie, weil nicht in jeder Situation immer wieder neu überlegt werden muss, wie der Mensch reagieren soll. Es ist viel einfacher, in ähnlichen Situationen einen Knopf zu drücken, der dann ein bestimmtes Verhaltensprogramm abspult.

Unser Emotionshirn funktioniert wie ein Autopilot. Es entscheidet und reagiert auf der Basis automatisch ablaufender Programme.

1.2.3 Drei Master-Programme im Emotionshirn

Alle automatischen Programme in unserem Emotionshirn kann man drei großen Master-Programmen zuordnen. Diese drei Programme nennt Dr. Hans-Georg Häusel Stimulanz, Dominanz und Balance. Die Forschungsgruppe Nymphenburg, der Häusel angehört, entwickelte daraus ein ganzes System, das die unterschiedlichen Motivationsprogramme beschreibt, die Menschen und damit auch Kunden steuern: die Limbic® Map.

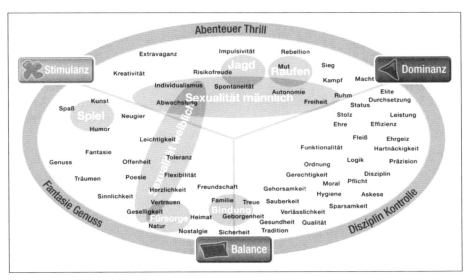

Abbildung 2: Die Limbic® Map
Quelle: Dr. Häusel; Gruppe Nymphenburg, www.nymphenburg.de

Wie Sie dieser Motiv- und Wertelandkarte in Abbildung 2 entnehmen, braucht man einiges an Hintergrundwissen, um genau einordnen zu können, welche Menschen mit welchen Motiven für welche Produkte oder Dienstleistungen mit welchem Marktauftritt und welchen Maßnahmen am besten erreicht werden. Wie bereits erwähnt, sehen wir unsere Aufgabe darin, aus wissenschaftlichen und alternativen Erkenntnisbereichen vereinfachte Modelle abzuleiten und diese in der Praxis nutzbar zu machen. Wir verdichten die Limbic® Map deshalb wieder auf die drei Hauptmotive Stimulanz, Dominanz und Balance und nennen sie ab jetzt:

- *Lustprogramm:* Hin zur Lust und weg vom Leid!
- *Machtprogramm:* Immer gewinnen, nie verlieren!
- *Sicherheitsprogramm:* Hin zur Sicherheit und weg von dem, was Angst macht!

Diese drei Master-Programme kämpfen andauernd darum, wer uns steuern darf. Beim Kaufen könnte sich das zum Beispiel so anhören:

- *Lustprogramm:* „Schau mal den Rock an, so einen haben wir schon lange gesucht!"
- *Sicherheitsprogramm:* „Ich gebe zu bedenken, dass der Monat noch lang ist für das wenige Geld, das wir auf dem Konto haben. Du weißt, wie das mit der Altersversorgung heutzutage ist. Die Renten sind nicht sicher!"
- *Lustprogramm:* „Hör doch mit den Renten auf, wir sind gerade mal 20. Wir leben jetzt!"
- *Sicherheitsprogramm:* „Ja, ja. Aber in der Farbe haben wir kaum etwas im Schrank. Kein Oberteil, keine Schuhe, keinen Lippenstift. Das könnte eine Investitionsflut auslösen. Ich erinnere nur an das orangefarbene Top, das wir vor zwei Wochen gekauft haben!"
- *Lustprogramm:* „Das war was anderes. Ich kann ja schließlich nicht allein mit dem Top durch die Gegend rennen!"
- *Sicherheitsprogramm:* „Das nicht, aber musste es dann gleich eine Vollausstattung sein und zu guter Letzt auch noch der neue Modeschmuck in Orange?"
- *Machtprogramm:* „Ich misch' mich ja nicht gerne ein, aber ist das da drüben nicht unsere Arbeitskollegin, die Susanne. Vollständig neues Outfit, wie ich vermute."
- *Lustprogramm:* „Was?! Die baggert zurzeit den Timo an. Den Timo aus der Auslandsabteilung."
- *Machtprogramm:* „**Den** Timo?!"

- *Lustprogramm:* „Ja, **den** Timo!!"
- *Machtprogramm:* „Sofort rein, Rock kaufen!"
- *Lustprogramm:* „Hoffentlich passt er, hoffentlich passt er, hoffentlich …"
- *Sicherheitsprogramm:* „Aber …!"
- *Machtprogramm:* „Schnauze, Weichei! – Hallo Denkhirn, aufwachen, du hast dich entschieden! Los, rein in den Laden und Rock anprobieren!"

Drei Masterprogramme kämpfen in unserem Emotionshirn ständig um das Vorrecht, uns zu steuern.

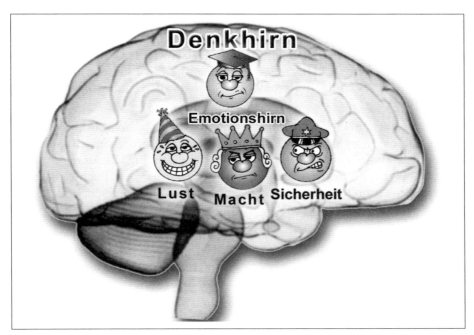

Abbildung 3: Die Programme in unserem Emotionshirn
Quelle: METATRAIN GmbH, www.metatrain.de

1.2.4 Der neue Deal mit dem Kunden

Wird im Emotionshirn an der richtigen Stelle gedrückt, dann ist die Wahrscheinlichkeit hoch, dass ein Kauf ausgelöst wird. Das ist natürlich für Menschen, die mit Verkauf und Marketing zu tun haben, die Versuchung schlechthin. Manch einer, der für Umsatzzahlen verantwortlich ist, wird in Vollmondnächten den Traum vom Einkaufen der Zukunft träumen. In diesem Traum betreten wir einen Laden, an dessen Tür ein Scanner in Sekundenbruchteilen liest, wonach unser Emotionshirn gerade schreit. Ein fleißiger Roboter holt das Produkt aus dem Lager und drückt es uns bereits verpackt in die Hände. Der Gehirnscanner an der Tür liest dann beim Verlassen des Geschäfts direkt aus dem Langzeitgedächtnis unsere Kontodaten und bucht sofort den Kaufpreis ab. Dabei lädt er gleichzeitig ein App ins limbische System, das Unlust beim Gedanken an Reklamation aufkommen lässt. Das erlaubt das Verbraucherhirnschutzgesetz zwar nicht, aber wenn man sich an alles halten würde, was verboten ist, wo käme man da hin. Alternativ zum Livebesuch im Laden können wir übrigens auch bequem zu Hause unser i-Phone ans Hirn halten, und wir bekommen die Bestellung innerhalb von 24 Stunden zugeschickt. Schöne neue Kaufwelt.

Soweit sind wir noch nicht, und es wird hoffentlich nie soweit kommen. Sicher ist aber, dass in naher Zukunft im Verkauf hirntechnisch aufgerüstet wird. Deshalb steht für alle, die verkaufen, eine Entscheidung an. Eine Entscheidung für eine Strategie, die den Kunden über den Tisch zieht, oder eine Strategie, die mit dem Kunden einen neuen Deal eingeht.

Dieser neue Deal ist der neue Sprung, der Fosbury-Flop des Verkaufens. Er ist der Kern der Strategie der Service-Weltmeister. Um diese Strategie gezielt anwenden zu können, ist zunächst ein Umdenken erforderlich. Es gilt, alte Verkaufsweisheiten über Bord zu werfen oder in einer neuen Art und Weise anzuwenden. Sie wissen ja: um den Baum herumlaufen, elegante Kurve, kurze Drehung und dann rüber über die Latte.

2 Servolation statt Manipulation

Manipulation ist ein alltägliches Phänomen. Wir manipulieren täglich, und wir werden Tag für Tag manipuliert. Was ist damit gemeint? Werfen wir dazu einen Blick auf einen fiktiven Tagesablauf.

Sie stehen morgens auf. Sie kleiden sich besonders sorgfältig, weil Sie zu einem Bewerbungsgespräch eingeladen sind. Sie möchten einen guten Eindruck machen. Das ist Manipulation. Frühstück. Sie machen für Ihren Partner Kaffee, streichen ein Brötchen, legen die Zeitung bereit. Sie möchten Ihren Partner milde stimmen, weil Sie ihm noch beibringen müssen, dass Sie am Samstag schon wieder Überstunden machen. Manipulation! Dann packen Sie Ihrem Kind das gesunde Pausenbrot ein. Es akzeptiert zähneknirschend, weil Sie versprochen haben, dafür am Ende des Monats mit ihm zu McDonald's zu gehen. Das ist manipulativ! Nach dem Bewerbungsgespräch gehen Sie ins Büro. Sie bemühen sich, besonders freundlich und aktiv zu sein, damit niemand bemerkt, dass Sie bereits den Absprung planen. Sie manipulieren. Auf der Fahrt nach Hause schnell noch zur Waschanlage. Sie geben vorher Trinkgeld. Sie wollen damit erreichen, dass die manuelle Vorwäsche besonders sorgfältig ausfällt. Genau! Manipulation! Endlich Sofa. Ihr Partner möchte die Diskussionsrunde sehen, Sie den Film. Sie setzen Ihren perfekten Dackelblick auf. Ihr Partner schmilzt dahin und Sie können den Film anschauen. Schon wieder manipuliert!

2.1 Positive Manipulation

Dieses Szenario zeigt uns: Man kann nicht nicht manipulieren. Wir manipulieren tagtäglich selbst und werden jeden Tag immer wieder manipuliert.

Man kann nicht nicht manipulieren.

Wichtig dabei ist, dass Manipulation nicht grundsätzlich negativ ist. Wenn Sie Ihrem Kind einen Teddy als Beschützer ins Bett legen, damit es besser schläft, dann ist das auch Manipulation, aber bestimmt nicht verwerflich. Wenn Ihr Kind sich das Knie anschlägt und Sie über die Schürfwunde blasen und „heile, heile" sagen, dann kann das einen super Placebo-Effekt haben. Der Schmerz wurde wegmanipuliert. Manipulation kann also durchaus positiv sein. Grundsätzlich ist der Begriff in unserem Sprachgebrauch aber eher negativ besetzt, er weckt negative Assoziationen. Vor allem gilt dies im Zusammenhang mit Verkaufen.

Manipulation weckt negative Assoziationen.

In Bezug auf Verkaufen sind wir einem Dauerbeschuss an Manipulation ausgesetzt. Nehmen wir nur den Einkauf im Supermarkt. Es beginnt beim Einkaufswagen. Der Einkaufswagen ist meistens viel zu groß. Warum? In dem großen Einkaufswagen sieht Ihr Einkauf immer kleiner aus, als er eigentlich ist. Deshalb sagt Ihr Emotionshirn Ihnen, dass Sie schon noch etwas dazulegen können. Sie schieben den Wagen an der im Supermarkt integrierten Bäckerfiliale vorbei. Hmmm, frischer Brotduft. Ihr Emotionshirn signalisiert Hunger. Hunger ist nicht nur der beste Koch, sondern auch ein unersättlicher Einkäufer. Dann zwischen den Regalen. Wo stehen die Produkte, mit denen am meisten verdient wird? Rechts oben. Warum? Menschen haben üblicherweise einen Rechtsdrall und das Emotionshirn ist faul, es mag sich nicht bücken, weil das anstrengend ist. Was sollen die Stapel mit Angeboten mitten in den Gängen? Es sind Raserbremsen. Sie zwingen dazu, langsamer zu schieben und damit länger im Markt zu bleiben. Lange im Supermarkt heißt, dass das Emotionshirn viel sieht, worauf es Lust bekommen könnte. Dann in der Obst- und Gemüseabteilung. Fein gesprühter Wassernebel, schon sieht alles frischer und knackiger aus. Rötlich sanftes Licht an der Fleisch- und Wursttheke, dem Emotionshirn gefällt die Ware gleich viel besser. Dann an der Kasse. Jetzt schlägt die Quengelware zu. Sie wird so genannt, weil sich die Kinder jetzt unerbittlich ins Gefecht werfen und sich den Kaugummi oder das Überraschungsei erquengeln. Endlich durch die Kasse. „Wolltest du nicht noch frisches Brot mitnehmen?", meldet sich das Emotionshirn, als Sie beim Verlassen des Supermarkts wieder an der Bäckertheke vorbeikommen.

Manipulation im Verkauf ist so alt wie das Verkaufen selbst. Das, was im Supermarkt passiert, ist noch relativ harmlos. Leider gibt es auch unzählige Beispiele, die wirklich richtig übel sind.

Anfang des 16. Jahrhunderts brauchten die Kirchenfürsten immer mehr Geld für ihren nicht allzu soliden Lebenswandel und vor allem für den Bau des Petersdoms in Rom. Das Produkt Ablasshandel lief nicht so gut, obwohl schon damals die Kirche über eine Filiale zumindest in jeder Stadt verfügte. Deshalb wurde zunächst das Produkt einem Relaunch unterzogen. Zum einen wurden die lästigen zusätzlichen Bußen abgeschafft, die bisher an einen Ablass geknüpft waren. Ab jetzt musste man nur noch zahlen. Zum anderen konnte man nun auch Ablassbriefe für bereits Verstorbene erwerben. Eine Roadshow vom Feinsten wurde auf die Beine gestellt, eindrucksvoll nachgespielt im Kinofilm Luther. Auf einem Leiterwagen ein wortgewaltiger Promotor, Feuer, wallende Tücher mit Bildern von Menschen, die Höllenqualen ausstehen, eine Schar von Emotionshirnen, die tief ergriffen und verängstigt lauschen. Mit dieser Marketingshow wird Mundpropaganda ausgelöst, die schließlich die Massen in die Event-Location Kirche treibt.

Dort im weihrauchgeschwängerten Ambiente, in der in Stein erstarrten Macht, wird das Marketing zum Sales. Nicht für sich selbst sollen die mittelalterlichen Emotionshirne den Ablass kaufen, sondern für die verstorbenen Eltern, das Kind, das verhungert ist, die Schwester, die nicht mehr lebt. Sie alle brennen im Fegefeuer, und nur ein paar Gulden können sie erlösen. Willst du die Schuld auf dich laden, nichts für deine verstorbenen Lieben getan zu haben? Nur des schnöden Mammons wegen? Selbst die Ärmsten hungern sich da die Eintrittskarte fürs Paradies vom Munde ab.

Die Produkte haben sich geändert. Manche Methoden nur unwesentlich. Oft wird das Emotionshirn des Kunden dazu missbraucht, ihm etwas zu verkaufen, von dem der Verkäufer selbst weiß, dass es den vorgespiegelten Wert nicht hat. Banken, die unsichere Produkte handeln und den Kunden nicht offen über das Risiko informieren, manipulieren Kunden negativ. Hersteller, die Gastroprodukte für den Endverbraucher anpreisen und verschweigen, dass das kein echter Käse, sondern Analog-Käse ist, sind negative Manipulatoren. Wenn Reiseveranstalter versprechen, dass man einen Gewinn von 5 000 Euro nur abzuholen braucht, wenn man die Busfahrt mitmacht, dann arme alte Rentner durch eine Verkaufsshow geprügelt werden und der „Gewinn" nur angerechnet wird, wenn man für 12 000 Euro einen Urlaub bucht, dann ist das die unterste Schublade negativer Manipulation.

In der Lebensmittelbranche gibt es eine interessante Auszeichnung: den goldenen Windbeutel. Bei einer Online-Abstimmung der Verbraucherorganisation Foodwatch wählten Tausende Teilnehmer das Kindergetränk Monte Drink von Zott auf Platz eins.

Die Werbung preist den Drink als einen idealen Begleiter für die Schule und die Freizeit. Ein gesunder Pausensnack als Botschaft für das Emotionshirn der ernährungsbewussten Mama. Was verschwiegen wird, ist, dass der Zuckergehalt des leckeren Drinks acht Stück Würfelzucker entspricht. Das ist mehr als bei der gleichen Menge Cola. Eine Zuckerbombe als gesunde Zwischenmahlzeit zu verkaufen, das verdient fürwahr den goldenen Windbeutel. Man könnte auch den goldenen Manipulationsbeutel verleihen.

Was aber ist mit der Marktfrau, die die Eier von freilaufenden Hühnern säubert und mit etwas Fett zum Glänzen bringt, damit sie besser aussehen? Sie manipuliert eindeutig. Was ist mit dem freundlichen Lächeln des Verkäufers, dem heute gar nicht so nach Lächeln zumute ist? Ist das zu verurteilen, nur weil er möchte, dass der Kunde angenehm begrüßt wird? Oder der Gastwirt, der besondere Mühe und viel Geld darauf verwendet, dem Gast ein ansprechendes Wohlfühlambiente zu bieten? Das ist doch ebenso positiv zu bewerten wie der Frisör, der Ihnen mit einem Espresso die Wartezeit versüßt und zusätzlich eine kostenfreie Kopfmassage angedeihen lässt. Natürlich machen weder der Gastwirt noch der Frisör das aus purer Menschenfreundlichkeit. Sie wollen, dass Sie das nächste Mal wieder kommen. Sicher werden Sie uns aber zustimmen, dass daran nichts verwerflich ist.

Deshalb ist es an der Zeit, zwischen negativer und positiver Manipulation im Verkauf zu unterscheiden. Eine positive Manipulation im Verkauf liegt unserer Ansicht nach vor, wenn jemand etwas verkauft, von dem er ehrlich überzeugt ist, dass es dem Kunden Nutzen bringt, ihm Gutes tut, sein Problem löst. Wenn jemand dagegen die Emotionshirne anderer Menschen bewusst und gezielt beeinflusst, um ihnen Produkte oder Dienstleistungen zu verkaufen, von denen er annimmt, dass sie dem Kunden keinen Nutzen bringen oder ihm sogar schaden, dann ist das für uns negative Manipulation.

Manipulation im Verkauf ist dann negativ, wenn jemand etwas verkauft, von dem er annimmt, dass es dem Kunden keinen Nutzen bringt oder ihm sogar schadet.

Manipulation im Verkauf ist dann positiv, wenn jemand etwas verkauft, von dem er ehrlich überzeugt ist, dass es dem Kunden Nutzen bringt.

Wir wissen, dass diese Definitionen diskussionswürdig sind. Ich kann überzeugt sein, dass etwas dem Kunden Nutzen bringt und es schadet ihm trotzdem. Außerdem bedeutet Nutzen für den einen nicht unbedingt immer auch Nutzen für den anderen. Uns geht es in diesem Buch aber nicht um eine wissenschaftlich, moraltheoretisch-philosophisch wasserdichte Definition. Uns geht es vor allem darum, im Bereich des Verkaufens das Thema Manipulation neu zu beleuchten. Unter dem neuen Licht wollen wir insbesondere hervorheben, dass es positive Manipulation gibt. Manipulation, die Nutzen stiftet. Diese Art der Manipulation möchten wir abgrenzen von der Manipulation, die nur dazu dient, den Kunden über den Tisch zu ziehen, ihn übers Ohr zu hauen, ihn über den Löffel zu balbieren.

2.2 Ein neues Wort: Servolation

Nun ist es aber so, wie bereits erwähnt, dass das Wort Manipulation in unserem Sprachgebrauch negativ besetzt ist. Es löst negative Assoziationen und Gefühle aus, selbst wenn man von positiver Manipulation spricht. Das ist ungerecht!

Deshalb erleben Sie jetzt eine Weltpremiere. Wir haben eine neues Wort kreiert, das nicht im Duden steht: **Servolation**. In diesem Wort haben wir drei Wörter kombiniert: Service (Serv-), positiv (-o-) und Manipulation (-lation). Wenn also jemand einen anderen positiv manipuliert, um ihm etwas für ihn Nützliches zu verkaufen, ist dies für uns ab sofort Servolation.

Servolation ist das Umwerben eines Kunden mit den Mitteln der positiven Manipulation.

Unter Servolation und servolieren verstehen wir Folgendes:

- *Die Servolation ist eine positive* Form der Manipulation im Bereich des Verkaufs.
- *Servolieren* heißt, Menschen im Bereich des Verkaufs positiv manipulieren.
- *Servologisch* werden eine Einzelperson oder ein Unternehmen bezeichnet, die oder das Servolation anwendet; ebenso Erlebnisse, die im Zusammenhang mit Kaufprozessen oder Werbung positive Emotionen auslösen und auf Servolation basieren.

2.3 Service-Weltmeister nutzen Servolation

2.3.1 Servolation und Service-Dienstleistung

Mit dem neuen Begriff Servolation werden die Begrifflichkeiten rund um das Thema Service klarer. Für den einen ist jede Dienstleistung Service. Der andere versteht unter Service, wenn ihm im Hotel der Koffer aufs Zimmer getragen und das Auto in der Tiefgarage geparkt wird. Wieder ein anderer meint den Helpdesk des Maschinenbauers, und der Vierte bezeichnet damit den Bedienvorgang im Restaurant. Wir unterscheiden zwischen Servolation und Service-Dienstleistung. Servolation ist für uns ein Service, der auf positiver Manipulation beruht und den wir vereinfacht kostenlos nennen. Dabei ist uns natürlich bewusst, dass die Kosten sich zum Beispiel in einem höheren Produktpreis wiederfinden müssen und nur nicht explizit ausgewiesen werden. Jeder Service dagegen, dessen Kosten ausgewiesen werden, ist nach unserer Definition dann eine Service-Dienstleistung.

Service wird unterschieden in Servolation und Service-Dienstleistung. Servolation ist kostenlos, Service-Dienstleistung ist kostenpflichtig.

Wenn Sie eine Waschmaschine kaufen und die Lieferung erfolgt kostenlos, dann handelt es sich um Servolation. Wenn Ihnen aber die Anlieferung berechnet wird, handelt es sich um eine Service-Dienstleistung. Der Saunagang im Erlebnisbad, den Sie bezahlen müssen, ist eine Service-Dienstleistung. Der kostenfreie Saunagang im Hotel ist Servolation.

Bei jeder Begegnung eines Menschen mit einem Unternehmen kann Servolation praktiziert werden. Diese Begegnungspunkte gilt es emotional positiv zu gestalten, zu inszenieren, servologisch zu designen.

2.3.2 Die Servolationsformel

Finden Sie diese Begegnungspunkte in Ihrem Unternehmen und setzen Sie dann die Servolationsformel ein. Die Servolationsformel basiert auf der Kundenerwartung. Wenn ein Kunde Ihrem Unternehmen begegnet, dann hat sein Emotionshirn eine gewisse Erwartung. Wenn diese Erwartung positiv übertroffen wird, dann ist das +x, und das kann beim Kunden Begeisterung auslösen. Diese Begeisterung muss sich nicht in Jubelschreien oder Freudentänzen ausdrücken. Es genügt, wenn sein Emotionshirn ein dickes +x in sein Tagebuch einträgt. Tagebuch? Ja, das Emotionshirn führt ein sogenanntes emotionales Tagebuch. Dort trägt es positive und negative Erlebnisse ein. Sammeln sich viele +x bei der Begegnung mit Ihrem Unternehmen oder sind es besonders dicke +x, dann will das Emotionshirn des Kunden immer wieder zu Ihnen und bei Ihnen kaufen. Vor allem macht es aber dann eines, es empfiehlt Sie weiter. Die Weiterempfehlung ist heutzutage das wichtigste Gut überhaupt. Ein Gut, das über den Unternehmenserfolg entscheidet. Die Servolationsformel lautet daher:

Kundenerwartung + x = Begeisterung = Weiterempfehlung = Unternehmenserfolg

2.3.3 Servolation als Kundenmagnet

Wichtig ist es bei der Servolation, nicht über das Ziel hinauszuschießen. Sie müssen die Erwartungen des Kunden nicht immer im höchsten Maße übertreffen. Es genügt meist, etwas mehr zu tun als der Wettbewerb. Am besten aber fahren Sie mit der Einzigartigkeit. Wenn Kunden bei Ihnen etwas erleben, das sie beim Wettbewerb nicht finden und das ihnen Nutzen bietet, dann ist das ein großes +x. Die Zeitschriften im Warteraum eines Arztes waren vielleicht früher einmal ein +x. Heute sind sie nicht der Rede wert. Hätte aber ein Arzt als Erster ein paar iPads im Wartezimmer liegen, die die wartenden Kunden ausprobieren können, dann wäre das ein +x. Dies würde die Begeisterung vieler auslösen, und die meisten würden es weitererzählen. Einen Versuch wäre es allemal wert. Wir müssen mehr ausprobieren, kreativer werden, mehr nachdenken, wie wir unsere Begegnungspunkte mit dem Kunden aufpolieren können. Viele +x reizen das Emotionshirn des Kunden immer wieder positiv und aktivieren die hirninternen Belohnungssysteme. Diese positiven Reize merkt sich das Emotionshirn, es möchte sie immer wieder erleben. Zu viele −x beleidigen hingegen das Emotionshirn. Es will diese negativen Gefühle nicht noch einmal erleben.

● *Aufgelesen*

Eine Gruppe Japaner sitzt brav, leise murmelnd in einer Hotellobby in Paris. Einer filmt, um diesen Augenblick festzuhalten. Plötzlich baut sich die PR-Chefin des Hotels vor dem knienden Hobbyfilmer auf. „Haben Sie eine Drehgenehmigung? Ohne Erlaubnis dürfen Sie hier nichts aufnehmen." Das Gemurmel verstummt. Der Filmer springt auf und verbeugt sich demütig vor der Frau in hochhackigen Schuhen, die ihn um einen guten Kopf überragt. Erschrockene Blicke zur Dolmetscherin. Die meisten haben kein Wort verstanden. Doch so viel ist klar: Die Frau ist verärgert. Über sie, die Gäste in ihrem Haus, die sich danebenbenommen haben. Haji! Was für eine Schande! Ach, Paris. Die Stadt der Liebe, wo Pärchen Händchen haltend an der Seine entlang schlendern; die Stadt der Kunst, wo Renoir, Matisse, van Gogh und Picasso malten. Die Stadt, in der elegante Menschen erlesene Weine trinken und raffinierte Gerichte essen. Wie keine zweite Stadt weckt Paris in Japanern rosarote Gefühle, Filme und Werbung lösen tsuioko aus, eine starke Sehnsucht. Dass Paris auch nur eine ganz normale europäische Metropole ist, die manchmal schmutzig sein kann und nicht gut riecht, dass die Menschen sich hier unhöflich und ruppig gebärden, verstört die meisten Japaner. Einige werden sogar psychisch krank. Sie leiden am Pari shôkôgun, am Paris-Syndrom. ... Etwa hundert schwer depressive Japaner müssen jedes Jahr aus Paris nach Hause geflogen werden.

(DIE ZEIT Nr. 51 vom 10. Dezember 2009)

Bei einer Vortragsreise im Raum Köln checkten wir in das gebuchte Design-Hotel ein. Sauber, freundlich, einigermaßen ruhig, das war unsere Erwartung, nicht mehr. Na gut, da es sich Design-Hotel nennt, waren wir schon interessiert, was uns dort wohl als Ambiente erwarten würde. Das, was sich allerdings Design-Hotel nannte, war in Bezug auf die Einrichtung so schräg, dass sogar uns die Luft wegblieb. Stellen Sie sich vor, Sie sammeln den Sperrmüll von ein paar Jahrhunderten ein, lassen ihn in einem Zimmer explodieren, entfernen jegliches Gefühl für geschmackvolle Kombination und veranstalten in dem Zimmer dann kreatives Malen mit den Insassen der geschlossenen Abteilung einer Nervenheilanstalt. Das Ganze dann als Design zu verkaufen, ist schon eine Unverfrorenheit. Bei längerem Aufenthalt implodiert wahrscheinlich das Emotionshirn oder man erblindet. Unsere Erwartungen wurden somit nicht erfüllt. Viele negative Einträge im emotionalen Tagebuch. Hätte dieses Hotel sich als das schrägste Kitschhotel Deutschlands bezeichnet und die Freundlichkeit noch um ein paar Grad gesteigert, dann wäre vielleicht sogar das Gegenteil passiert. „Also Du, wir waren da in einem Hotel. Nennt sich das schrägste Kitschhotel Deutschlands. Wenn Du in der Gegend bist, eine Nacht ist ganz ulkig. Muss man mal gesehen haben!"

Die Zeiten, in denen sich Kunden alles gefallen ließen, sind vorbei. Heute sind Kunden kritischer, informierter, wechselbereiter als alle Kundengenerationen davor. Und das wird noch zunehmen. Unsere Kundenbefragungen während der Service-Weltmeisterschaften bringen ganz klar das Ergebnis, dass weit mehr als 60 Prozent der Kunden wegen des schlechten Service ihren Anbieter wechseln. Umsatz fließt ab und kommt vielleicht nie wieder. Ein ähnliches Bild zum Thema Service skizzieren verschiedene Studien.

● *Aufgelesen*

Laut einer Untersuchung aus US News & World Report wandern 68 Prozent der Kunden wegen mangelndem Kundenservice ab, nur 15 Pro-

zent sind mit dem Produkt nicht zufrieden, 9 Prozent werden von der Konkurrenz abgeworben, 5 Prozent gehen auf den Rat von Bekannten hin fremd und 3 Prozent ziehen um.

Für guten Service und überdurchschnittliche Kundenorientierung sind Verbraucher bereit, mehr Geld auszugeben. So das Ergebnis einer Befragung des Marketingberatungsunternehmens CC&Customer Care & Consulting.

Von den insgesamt 4 000 Befragten gaben 83 Prozent an, dass sie beim Kauf von Marken- und Premiumprodukten einen ausgezeichneten Service erwarten, 79 Prozent fordern außerdem hochgradige Kundenorientierung. Sind diese Voraussetzungen gegeben, erklären sich 64 Prozent gerne bereit, einen höheren Preis zu bezahlen. ... 46 Prozent der Studienteilnehmer erklärten, dass sich ein Premiumprodukt auch durch einen hohen Preis auszeichnen sollte.

(www.haufe.de/acquisa 21.05.2010 / marketing / Kunden haben höhere Erwartungen an Premiummarken)

Einer weltweiten Marktstudie zufolge, die im Auftrag von Genesys Telecommunications Laboratories durchgeführt wurde, nehmen deutsche Unternehmen einen Verlust von 12,2 Milliarden Euro jährlich in Kauf, der direkt auf schlechten Kundenservice zurückzuführen ist.

(Schlechter Service beschert Milliardenverluste / direkt marketing 01 / 2010 / S. 26)

Es ist eindeutig: Schlechter Service macht Umsatz kaputt und verhindert neuen. Guter Service hält Umsatz im Unternehmen und bringt neuen. Wir haben es selbst in der Hand. Doch leider ist strategisch im Unternehmen implementierte, vom Chef und den Mitarbeitern gelebte Servolation sehr selten. Warum nur? Eine größere Chance, sich vom Wettbewerb abzusetzen, gibt es doch kaum. Vor allem auch deshalb, weil die Servicewüste immer noch lebt.

● *Aus der Praxis*

Gabi T. und ihr Geschirrspüler

Als es darum ging, einen neuen Geschirrspüler zu kaufen, entschied ich mich für ein Markengerät. Ich schloss einen Kaufvertrag über einen Geschirrspüler bei einem regionalen Elektrogeschäft vor Ort ab. Der Kaufvertrag beinhaltete Zusatzteile zur Verlängerung von Strom und Wasserleitung, die Lieferung und den Einbau.

Zunächst wurde das falsche Gerät geliefert. Kann ja mal vorkommen. Dann wurde das richtige Gerät gebracht, allerdings wurde es nicht eingebaut, da die Leitungen verlängert werden mussten und die entsprechenden Teile nicht mitgeliefert wurden, obwohl dies im Vertrag festgelegt worden war. Stattdessen wurde ein Schreiner vorgeschlagen, der das übernehmen könne. Gesagt, getan. Der Schreiner kam und baute den Geschirrspüler ein. Allerdings wies er darauf hin, dass die zwischenzeitlich gelieferten Verlängerungen nicht zu diesem Gerät passen. Er bastelte ein Provisorium. Dann wollte er seine Arbeitszeit abrechnen sowie 35 Euro Fahrtkosten. Auf meinen Hinweis, dass alles im Vertrag geregelt sei, wurde er wütend und drohte damit, alles wieder herauszureißen. Ich bezahlte daraufhin, reklamierte anschließend bei dem Elektrogeschäft, in dem ich das Gerät gekauft hatte. Zwischenzeitlich klemmte die Tür des Geschirrspülers. Ich wurde auf den Kundendienst des Markenherstellers verwiesen. Der kam auch und reparierte das Gerät. Der Kundendienst stellte fest, dass das Gerät falsch aufgestellt worden war. Es war nicht in der Waage und die Fixierschrauben fehlten. Die Rechnung von 80 Euro musste ich wiederum bezahlen, denn falscher Einbau fällt nicht unter Garantieleistung. Schließlich schickte ich einen Einschreibebrief an das Geschäft mit der Aufforderung, die Kundendienstrechnung des Herstellers zu übernehmen. Daraufhin erhielt ich den Anruf eines Subunternehmers, der eigentlich für den Einbau zuständig ist, mit der Aussage, die Kundendienstrechnung würde übernommen. Nach zwei Wochen schneite mir wegen der unbezahlten Rechnung eine Mahnung des Herstellers ins Haus. Ich rief beim Subunternehmer an und erfuhr, dass die Rechnung soeben überwiesen worden wäre. Schließlich kam doch noch der Überweisungsbeleg des Subunternehmers und eine knappe Entschuldigung für die entstandenen Umstände. Der ganze Vorgang ab der ersten Lieferung zog sich über viereinhalb Monate hin. Ich werde diese Marke nicht noch einmal kaufen und dieses Elektrogeschäft niemals mehr betreten.

Norbert B. und seine Rasierklingen

Als bekennender Nassrasierer ging ich vor zwei Wochen in meinen Stamm-Drogeriemarkt, bei dem ich seit Jahren meine Rasierklingen, Rasierwasser und meine „Hautcreme for men" kaufe. Meine Stamm-Rasierklingen waren aber in dem Regal nicht mehr zu finden. Ich fragte die Verkäuferin, ob sie mir sagen könne, welche Rasierklingen für meinen Rasierer alternativ passen könnten. Ich beschrieb ihr detailliert meinen Nassrasierer. Sie wusste jedoch nicht, welche Rasierklingen zu meinem Rasierer passen, und meinte, ich solle doch die Verpackung der passenden Rasierklingen mitbringen. Auf meine Antwort, dass ich diese Verpackung nicht mehr hätte, bemerkte sie lapidar: „Dann kann ich Ihnen leider auch nicht weiterhelfen."

Ich gab jedoch nicht auf, und nach längerem Wühlen in dem Regal fand ich schließlich Rasierklingen, von denen ich vermutete, dass sie passen könnten, da sie meinen alten Klingen in der Form sehr ähnelten.

Nun fragte ich die Verkäuferin, ob ich die Klingen umtauschen könne, falls diese nicht zu meinem Nassrasierer passen würden. Sie antwortete: „Nein, wenn Sie die Verpackung aufgerissen haben, ist ein Umtausch ausgeschlossen. Kommen Sie doch mit der Originalverpackung der alten Rasierklingen wieder." Sie hatte bereits vergessen, was ich ihr wenige Minuten zuvor gesagt hatte. Enttäuscht und frustriert verließ ich meinen Stamm-Drogeriemarkt.

Auf der gegenüberliegenden Straßenseite hat vor etwa einem Jahr ein anderer Drogeriemarkt eröffnet, den ich bisher nur im Vorbeifahren wahrgenommen hatte. Ich beschloss, es dort noch einmal zu versuchen. Ich wandte mich sofort an eine Verkäuferin und bat sie, mir bei der Auswahl der passenden Rasierklingen zu helfen, was sie auch tat. Nach wenigen Sekunden Suche griff sie in das Regal und drückte mir ein Päckchen Rasierklingen mit den Worten in die Hand: „Die müssten passen. Ich bin mir zwar nicht hundertprozentig sicher, aber wenn sie nicht passen sollten, bringen Sie die Rasierklingen einfach zurück und wir tauschen sie aus." Erstaunt und positiv überrascht bedankte ich mich bei der Verkäuferin und fragte sie noch, wo denn Rasierwasser und „Hautcreme for men" zu finden seien. Sie führte mich zu den Regalen, und ich kaufte noch mein Rasierwasser und meine Hautcreme auf Vorrat.

Selbstverständlich kaufe ich seitdem meine Rasierklingen, mein Rasierwasser und meine Hautcreme nur noch in diesem Drogeriemarkt.

Mindestens 15-mal habe ich diese Geschichte bereits Freunden und Bekannten erzählt und bin damit zu einem Verkäufer für diesen Markt geworden. Wenn ich nur den Umsatz hochrechne, den mein bisheriger Stamm-Drogeriemarkt verliert, weil ich dort nicht mehr einkaufe, kommt ein hübsches Sümmchen zusammen. Ich rechne nämlich damit, dass ich mich mindestens noch 25 Jahre rasieren darf und mein Verbrauch an Hautcreme sich sicherlich im Laufe der Zeit noch steigern wird oder ich auf eine teurere Faltencreme umschwenken muss. Dieses Sümmchen nennt man Kundenlebenswert. Übrigens, genau diese Summe hat mein alter Drogeriemarkt verloren.

Werden Sie zur Oase in der Servicewüste, differenzieren Sie sich mit Servolation gegenüber dem Wettbewerb, heben Sie sich ab, werden Sie einzigartig.

Servolation ist der Magnet, der Kunden anzieht, der Klebstoff, der Kunden hält, das Öl für reibungslose Kundenbeziehung. Servolation ist die Zukunft!

Einige werden jetzt vielleicht den Kopf schütteln. Service, wie ihn Servolation versteht, ist für diese Anhänger des Hochdruckverkaufs nur eine eher lästige Begleiterscheinung des echten, richtigen Verkaufens. Viele von ihnen huldigen vor allem dem Götzen Rabatt. Mit Rabatt lockt man die Kunden. Das ist zunächst auf jeden Fall richtig! Rabatt aktiviert das Belohnungssystem im Emotionshirn. Gleichzeitig werden die Bereiche gehemmt, die für die Verhaltens- und Fehlerkontrolle verantwortlich sind. Das kann extreme Formen annehmen. So wurde ein Verkäufer eines Discountladens in New York von rabattgepushten Kunden buchstäblich zu Tode getrampelt, als er die Türe des Ladens öffnete. In einem Spielzeugladen in der gleichen Stadt gerieten zwei Kunden über ein Schnäppchen in Streit, zogen Waffen und erschossen sich gegenseitig. Beide Male wurden die entsprechenden Programme im Gehirn so intensiv gereizt, dass sie wahnsinnig machten. Wir gehen davon aus, dass keiner der Ladenbesitzer oder deren Marketingchefs diese Ergebnisse wollten. Sie haben nur bewährte Rezepte angewendet. Mit Schnäppchen erlegt man fast jeden Kunden. Sie müssen nur zwei Glühbirnen zusammenpacken und „Sonderpreis 1,99 Euro" draufschreiben. Dann noch eine Palette davon mitten im Gang platzieren. Obwohl direkt daneben die einzelne Glühbirne für 79 Cent angeboten wird, wird sich die Palette leeren und das Regal voll bleiben. Oder sehen Sie sich mal an, was alles bei Aldi gekauft wird, weil es so billig ist, aber nie gebraucht wird. Wir meinen natürlich nicht Sie. Aber sicher kennen Sie den einen oder anderen, der das günstige Kamingeschirr gekauft hat und überhaupt keinen offenen Kamin hat. Der Aldi-Prospekt ist ja zur Zwangslektüre geworden. Du nimmst den Packen bedruckten Altpapiers mit dem Namen Werbung aus dem Briefkasten und willst ihn gerade in der Papiertonne entsorgen. Da spitzt die Ecke des Aldi-Prospekts aus dem Stapel und schreit das Emotionshirn an: „Nimm mich! Nichts kaufen, nur mal schauen! Dann verpasst du sicher nichts!" Na ja, nur mal schauen. Kostet ja nichts.

Oder das beliebte Spiel der Dreingabe. Kauf einen Schweizer Käse und den Almurlaub gibt es dann gratis dazu. Uns flatterte vor Kurzem ein Prospekt eines Möbelhändlers ins Haus, da hätten wir uns vor Schreck fast auf den roten Stuhl gesetzt. Wenn wir für 50 000 Euro Möbel kaufen, dann bekommen wir einen Fiat 500 dazu. Es gibt anscheinend noch genügend Menschen, die sich für 50 000 Euro verschulden, um an einen Fiat für knapp über 10 000 Euro zu kommen. Wenn das Emotionshirn einkauft, dann wird nie gerechnet. Rabatt funktioniert, in welcher Form auch immer. Noch.

Rabattschlachten können allerdings nur die Großen langfristig durchhalten. Sie haben andere Einkaufskonditionen und können auch aus kleinen Preisen noch Wertschöpfung generieren. Aber auch bei den Discountern ist festzustellen, dass bei lange anhaltenden Preiskämpfen mehr und mehr bei Lieferanten und den Mitarbeitern die Daumenschrauben angezogen werden. Irgendwo muss das Geld ja herkommen.

Rabattschlachten können nur die Großen langfristig durchhalten, die Kleinen werden einfach aufgerieben.

Vor allem kleine und mittlere Unternehmen sagen uns immer wieder: „Alle anderen geben auch Rabatte, da muss ich doch mitmachen!" Richtig! Alle anderen machen es auch. Und, sind die anderen alle glücklich und leben sie in Saus und Braus? Haben die sich mit Rabatt den entscheidenden Vorsprung erarbeitet? Garantiert nicht! Entweder sie stehen kurz vor der Insolvenzkante oder vegetieren halt so dahin wie ein Grasbüschel, das sich in eine Felswand krallt. Das macht nicht wirklich Freude. Das heißt nun auch wieder nicht, dass Sie ganz auf Rabattaktionen verzichten sollten. Nur bitte nicht inflationär anwenden und nicht negativ manipulativ. Viele Rabatte sind ja keine Rabatte. Es werden Kosten für den Kunden nur umgeschichtet. Das dicke Ende für den Kunden kommt erst später. Der Eintritt in die Stadt Rabatt beinhaltet für den Kunden meist versteckte Kosten. Für die Unternehmen auch.

Rabatt wirkt schnell und verpufft schnell. Servolation wirkt langsam, langfristig und nachhaltig. Nicht nur Rabatt macht den Preis klein. Das macht auch Servolation, nur dass dabei der Preis nicht wirklich schrumpft. Er bleibt groß und erscheint nur durch Servolation klein und nicht mehr so wichtig. Glauben Sie nicht? Dann kopieren Sie das folgende Bild (siehe Abbildung 4), schneiden Sie die beiden Formen aus und legen Sie sie übereinander. An diesem Beispiel sehen Sie dann auch wunderbar, wie unser Emotionshirn in Eigenregie die Umwelt für uns interpretiert. Unsere Wahrnehmung ist immer nur ein Ausschnitt der Wirklichkeit. Welchen Ausschnitt präsentieren Sie Ihren Kunden?

„Man kann noch nicht einmal sagen, die Umstände bestimmen unser Fühlen, vielmehr bestimmt unser Fühlen die Umstände."
Leo Tolstoi

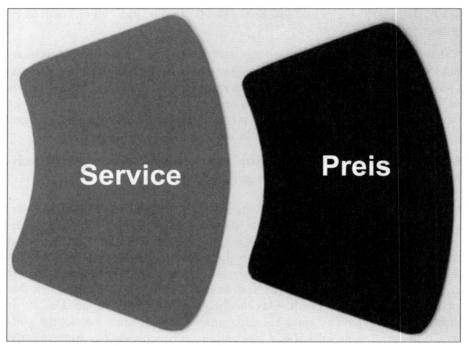

Abbildung 4: Der Service bedeckt den Preis
Quelle: METATRAIN GmbH, www.metatrain.de

Das Emotionshirn bezahlt gerne einen höheren Preis, wenn es Emotionsnutzen dafür bekommt. Ein schneller Rettungsanker ist aber Servolation nicht. Wenn die Insolvenz kurz bevorsteht, dann ist Servolation nicht die richtige Wahl. Sicher, man kann auch lächelnd untergehen, mit Servolation sollten Sie aber strategisch dann beginnen, wenn es Ihnen noch halbwegs gut geht.

„Erfolg hat nur, wer etwas tut, während er auf den Erfolg wartet."
Thomas Alva Edison

Wenn wir uns aber in kleinen mittelständischen Unternehmen umsehen, dann finden wir oftmals Stillstand. Nicht Stillstand im Tagesgeschäft. Da herrscht Hektik, Betriebsamkeit, Stress bis zum Abwinken. Viele erhöhen ständig das Tempo beim Erklimmen der Leiter, merken aber nicht, dass die an der falschen Wand steht. Und wenn sie es bemerkten, dann müssten sie ja die Leiter umstellen. Das hieße Änderung! Etwas ändern? Warum? Haben wir ja schon immer so gemacht! Wir haben jahrelange Erfahrung! Natürlich, das ist ja das Tragische.

„Erfahrung heißt gar nichts. Man kann eine Sache auch 35 Jahre falsch machen." *Kurt Tucholsky*

Warum ist Änderung so schwierig? Änderung bedeutet für unser Gehirn immer Stress, und Stress heißt Erhöhung des Energieverbrauchs. Das aber will unser Gehirn vermeiden. Deshalb bleiben viele Unternehmerhirne auf den ausgetretenen Trampelpfaden und verzichten darauf, das ganze Unternehmen auf den Kunden auszurichten und exzellent zu servolieren.

• *Aufgelesen*

Das Gehirn ist der Hauptenergieverbraucher im Körper und steuert dabei auch die Verteilung der Energie, wobei es durchaus selbstsüchtig handelt, denn erst deckt das Gehirn seinen Bedarf, dann bekommen auch die übrigen Organe etwas zugeteilt. Während das Gehirn des modernen Menschen im Ruhezustand fast ein Viertel des gesamten Energiebedarfs des Organismus benötigt, geben andere Primaten wie Schimpansen und Gorillas etwa nur acht bis zehn Prozent ihrer Energie an das Gehirn ab, andere Säugetiere sogar nur drei bis fünf Prozent. ... Obwohl die Masse des Gehirns nur etwa zwei Prozent des Körpergewichts ausmacht, beansprucht es gut die Hälfte der täglich mit der Nahrung aufgenommenen Kohlenhydrate, wobei es unter Normalbedingungen bis zu zwei Drittel der Blutglucosemenge aufnimmt. Kommt noch eine Stressbelastung hinzu, entzieht das Gehirn dem Blut sogar fast 90 Prozent dieses Energieträgers.

(http://arbeitsblaetter.stangl-taller.at/news/102/energieverbrauch-des-gehirns)

Vor allem das Sicherheitsprogramm wehrt sich so lange wie nur irgendwie möglich gegen jede Änderung. Es hat festgestellt, dass es bisher überlebt hat. Also, Job gut gemacht. Bei jeder Änderung geht das Sicherheitsprogramm erst einmal davon aus, dass die Wahrscheinlichkeit besteht, dass es schlechter werden kann. Nur kein Risiko eingehen! Deshalb ist Gewohnheit auch der beste Klebstoff, den es gibt. Deshalb fällt uns jede Änderung so schwer. Service-Weltmeister kennen das Lösemittel für den Klebstoff Gewohnheit. Sie schaffen es, ihr Emotionshirn zu überzeugen und umzupolen.

2.3.4 Die Axt schleifen

Service-Weltmeister wissen, dass Servolation sie zum rettenden Ufer bringt, auch wenn sie vorher noch ein gutes Stück schwimmen müssen. Viele andere bleiben lieber auf der Insel sitzen, auf der keine Nahrung mehr zu finden ist. Wenn sie sich dann zum Aufbruch entscheiden, ist es oft zu spät, weil sie schon zu schwach sind, um noch lange schwimmen zu können.

Service-Weltmeister beginnen rechtzeitig, am Unternehmen zu arbeiten. Andere arbeiten lieber im Unternehmen statt am Unternehmen. Das ist die größte Falle. Das Tagesgeschäft frisst alle Energie, für strategische Überlegungen bleibt keine Zeit.

„Wenn ich acht Stunden Zeit hätte, um einen Baum zu fällen, würde ich sechs Stunden die Axt schleifen" meinte Abraham Lincoln. Recht hat der Mann. Aber was machen wir? Wir hauen mit der stumpfen Axt drauf los und wundern uns, dass wir nicht vorwärts kommen. Schleifen? Keine Zeit!

„Wenn ich acht Stunden Zeit hätte, um einen Baum zu fällen, würde ich sechs Stunden die Axt schleifen."

Abraham Lincoln

Bei Servolation geht es nicht darum, im Tagesgeschäft das eine oder andere zu ändern oder zu verbessern. Das ist nett und bringt auch etwas. Nein, bei Servolation geht es um eine strategische Grundsatzentscheidung. Service-Weltmeister arbeiten vor allem am Unternehmen. Wie richten Sie Ihr Unternehmen strategisch aus? Was ist der Kern Ihrer Unternehmensphilosophie?

Service-Weltmeister setzen Servolation strategisch ein.

Servolation ist eine Strategie, eine Entscheidung, und sie ist nicht einfach durchzuhalten. Das ist auch gut so. Sonst würden es wieder alle tun, so wie alle Rabattschildchen malen. Deshalb ist Servolation ein exzellentes Mittel zur Positionierung, zur Abgrenzung vom Wettbewerb. Ein Magnet, der Kunden anzieht und lange im Unternehmen hält. Denn wo sonst bekommen Emotionshirne so viel Futter geboten wie bei den Service-Weltmeistern? Das Leben ist einfach zu kurz für schlechte Emotionen, fühlt das Emotionshirn. Was fühlen Sie?

3 Wie Service-Weltmeister verführen

Servolation zieht Kunden magisch an und verführt zum Kaufen, immer wieder. Wie im letzten Kapitel besprochen, setzen die Service-Weltmeister Servolation in der Praxis an den Begegnungspunkten mit ihren Kunden ein. Ziel ist es, bei Menschen an diesen Begegnungspunkten positive Emotionen auszulösen. Das Emotionshirn wird so immer wieder gestreichelt. Die Summe aus kleinen Servolationen, die nachhaltig wirken, ist dabei wichtiger als der große Begeisterungsknall.

Am Parkplatz eines Supermarkts fanden wir folgendes Schild:

Abbildung 5: Beispiel für das Auslösen einer positiven Emotion
Quelle: METATRAIN GmbH, www.metatrain.de

Wirkt doch sympathisch, oder? Die Verantwortlichen des Supermarkts denken an die Eltern mit den Babies, die den Kinderwagen ausladen müssen.

Einer unserer Beratungskunden, der sein Geld damit verdient, Getränkeautomaten im Pausenbereich von Unternehmen und Behörden aufzustellen, zeigte uns einen Aufkleber mit der Telefonnummer seiner gebührenfreien Service-Hotline. Der Aufkleber ist an jedem seiner Automaten angebracht. Streikt ein Automat, dann kann der, der sich gerade einen Kaffee holen wollte, direkt mit seinem Handy kostenfrei die Störung reklamieren. Sofort fährt ein Techniker los und behebt den Schaden. In der nächsten Pause bekommt der Mitarbeiter dann wieder seinen Kaffee aus dem Automaten. Das ist zunächst natürlich Servolation für die Mitarbeiter, denn früher musste eine Störung zunächst der Verwaltung gemeldet werden. Bis die in die Gänge kam, war der Automat dann manchmal ein, zwei Tage außer Betrieb. Für den Betreiber hieß das ein, zwei Tage keinen Umsatz. Wenn der Automat nicht arbeitet, gibt es auch keine Einnahmen. Die kostenlose Service-Handy-Hotline ist daher zugleich für den Unternehmer ein Frühwarnsystem zur Umsatzsicherung. Beide, Kunde und Unternehmer, haben also Nutzen von der kostenlosen Servicenummer. So soll es sein.

Haben Sie schon einmal im Winter in einem Hotel eingecheckt, in dem es keine Tiefgarage gab? Beim Frühstück packt Sie dann bereits das Grauen, weil es über Nacht geschneit hat und Sie sich schon beim Schneekehren und Eiskratzen am Auto sehen. Sie checken aus, tragen Ihren Koffer zum Parkplatz und kommen aus dem Staunen nicht mehr heraus. Ihr Auto ist schnee- und eisfrei. Hinter dem Scheibenwischer finden Sie ein Kärtchen: „Lieber Gast, wir wünschen Ihnen immer eine freie Sicht für eine angenehme und sichere Fahrt. Beste Grüße …" Das ist Servolation vom Feinsten am Begegnungspunkt „Abschied".

Sicher kennen Sie selbst viele solcher positiven Begebenheiten. Diese kleinen Erlebnisse haben Ihr Emotionshirn über Ihre Augen, Ihre Ohren, Ihre Nase, Ihre Zunge oder Ihre Haut erreicht und dort Gefühle ausgelöst. Sehen wir uns deshalb unsere Sinnesorgane unter dem Aspekt der Servolation genauer an.

3.1 Den Augen schmeicheln

> • *Aufgelesen*
>
> *Darf's ein bisschen Meer sein?*
>
> *„Sind Sie bereit? Hier kommt der nächste Wow-Effekt!" Die Dame mit dem Klemmbrett spricht im Trommelwirbelton und hebt eine Braue. Dann stößt sie die Tür zum Badezimmer auf. Man tritt ein und denkt: Gott, ja. Der übliche Hotelhokuspokus. Fettglänzender Marmor und in der Mitte ein Riesenzuber mit Goldarmaturen. Doch es reicht eine Drehung nach rechts – und es ist um einen geschehen. Wie vom Blitz getroffen, sinkt man auf den Wannenrand und erstarrt. Unmittelbar vor dem Oval tut sich eine garagentorgroße Glaswand auf und gibt den Blick frei auf eins der riesigsten Aquarien der Welt. Hypnotisiert stiert man auf elf Millionen Liter ozeanblaues Wasser und das darin schwebende Meeresgetier. Haie gleiten majestätisch vorbei. Mantarochen wabern über die Scheiben wie fliegende Ponchos. Barrakudas grinsen grimmig, Schwärme schießen als bunte Blitze umher, und Fischmonster mit den Ausmaßen von Kälbern glotzen aus suppentellerrunden Augen herein, als wollten sie fragen: Was machen Sie denn hier?*
>
> *Es ist tatsächlich so, als schwömme man mitten unter ihnen. Das ist kein Bad mehr, das ist ein maritimes Nirwana. Für 5 700 Euro pro Nacht kann man es bewohnen.*
>
> (DIE ZEIT, 18. September 2008, Nr. 39)

Es muss bei Weitem nicht immer das Exklusivste sein, das durch das Auge des Kunden dessen Emotionshirn positiv stimuliert. Allerdings sollte zumindest nichts in unserem Unternehmen das Emotionshirn beleidigen.

Die verschmierte Scheibe an der Wursttheke, der Brandfleck im Wartesessel, der Hundehaufen vor der Tür, der vergilbte Wandschmuck, die seit Tagen verwelkten Blumen, das alles sind keine positiven Wahrnehmungen im Emotionshirn des Kunden.

Wenn Sie einen Blick in eine Disco werfen, dann tummeln sich dort Mädels, die aussehen als wären sie dem Film „Sex and the City" entsprungen. Selbst die Jungs machen auf Model, und dem einen oder anderen sieht man an, dass er sogar beim Friseur war oder eine Friseurin gut kennt. Warum ist das so? Ganz einfach, die meisten sind auf der Pirsch. Auch Ihr Unternehmen ist immer auf der Pirsch. Die Mädels und Jungs haben gegenüber Ihrem Unternehmen dabei noch einen Vorteil. Zumindest zu Hause können sie die ausrangierte Jeans oder den Schlabberpulli tragen, der nicht mehr „in" ist. Ihr Unternehmen kann sich das nicht leisten. Ihr Unternehmen steht immer auf dem Laufsteg. Sie müssen deshalb Heidi Klum für Ihr Unternehmen sein, damit Ihr Unternehmen das Next-Top-Model in Ihrer Region wird. Wahlweise können Sie sich auch als Karl Lagerfeld fühlen, der seinem Unternehmen das begehrteste Outfit der Gegend verpasst. Oder schauen Sie auf Ihr Unternehmen aus dem Blickwinkel eines Schönheitschirurgen. Wie auch immer, Ihr Unternehmen muss an allen Ecken und Enden die Emotionshirne Ihrer Kunden in Begeisterung versetzen. Ihr Unternehmen ist immer auf der Pirsch.

Oftmals ist aber das äußere Erscheinungsbild eines Unternehmens erschreckend. Selbst die Schaufenster sind manchmal Kundenabschreckungsvorrichtungen. Der Eingangsbereich lädt in einigen Unternehmen zum sofortigen Verlassen ein, die Internetseite quält mit gähnender Langeweile, und die Außenfassade versprüht den Charme einer Trockenpflaume.

Es geht auch anders. Lesen Sie die Sätze aus einer Unternehmensphilosophie, die wir im Internet aufgelesen haben. Was denken Sie, welche Branche das ist?

● *Aus der Praxis*

„Der Mensch steht im Mittelpunkt unseres Tuns und unserer Fürsorge. Für alle im Team sind daher Freundlichkeit und Herzlichkeit stets oberstes Gebot. Wir sind Berater und Partner ... wir handeln als Team, d. h. jeder unterstützt den anderen und ist eingesetzt nach seinen Fähigkeiten und Talenten mit dem Ziel, das optimale Ergebnis für unsere Kunden zu erreichen ... Wohlfühlen, Wellness und Lebensqualität stehen dabei im Vordergrund ... Das Team setzt sein Wissen und Können dafür ein, neue und bessere individuelle Lösungsmöglichkeiten für den Einzelnen zu finden ... Dienstleister am Menschen kommt von dienen. Je mehr Nutzen wir unseren Kunden bieten, desto höher wird der Nutzen sein, den wir dafür ernten."

(http://www.zahnarzt-drhien.de/praxisphilosophie.php)

Das ist die Firmenphilosophie einer Zahnarztpraxis, die Servolation vom Feinsten einsetzt, zum Wohle der Patienten. Das Emotionshirn, das im Angesicht einer Zahnarztpraxis meist verkrampft, reagiert gleich viel entspannter. Statt in einem Wartezimmer darf es nämlich in einer Lounge Platz nehmen. Drinnen warten dann Korbstühle. Es dominieren Wellnessfarben wie Orange, sanfte Brauntöne und Naturmaterialien. Das Warten wird zum Genuss.

Eine äußerst interessante Bezeichnung haben auch die Behandlungsräume. Sie heißen „Wohlfühlen". Kein Witz! Auf den Türen steht „Wohlfühlen 1" oder „Wohlfühlen 2" etc. Ist das nicht interessant? Ein Wohlfühlambiente beim Zahnarzt. Da geht man doch gerne zum Bohren. Aber im Ernst, warum müssen Arztpraxen immer wie Arztpraxen aussehen und Krankenhäuser immer wie Krankenhäuser? Es ist doch eine Binsenweisheit, dass Farben Stimmungen erzeugen und auf das Emotionshirn wirken. Streichen Sie einfach einmal einen Raum in Ihrer Wohnung total schwarz, auf dem Boden verlegen Sie schwarze Schieferplatten und die Möbel lackieren Sie auch schwarz. Da sehen Sie schwarz – und das nicht nur mit den Augen. Freundliche Umgebung wirkt freundlich, unfreundliche wirkt unfreundlich. Welche Umgebung wünschen Sie sich als Kunde? Und was, vermuten Sie, wünscht sich das Emotionshirn Ihrer Kunden?

Ein weiteres Beispiel ist Brautmoden Honeymoon, zertifiziert mit dem Service WM Siegel *Ausgezeichnete Service-Qualität*. Dieses Brautmodengeschäft hat nur ein Ziel, es will die Braut in spe während des Einkaufs zum Star machen, wenigstens für ein bis zwei Stunden. So lange dauert nämlich durchschnittlich der Kauf eines Brautkleides. Stellen Sie sich vor, Sie sind eine Braut in freudiger Erwartung des großen Ereignisses (für Männer ist es natürlich schwieriger, sich in eine werdende Braut einzufühlen, ist aber

Abbildung 6: Mit dem Brautkleid auf der Bühne
Quelle: Brautmoden Honeymoon Neumarkt, www.brautmoden-honeymoon.de

ein gutes Training für das Emotionshirn). Was Ihnen noch fehlt, das ist das Wichtigste, das Brautkleid. Sie betreten ein großzügig ausgestattetes Brautmodengeschäft und werden freundlich begrüßt. Die Auswahl ist reichlich. Sie finden schnell zwei, drei Kleider, die Sie probieren möchten. In der extra großen Umkleidekabine haben Sie viel Platz, um bequem das ausladende Brautkleid anziehen zu können. Dann schweben Sie aus Ihrem Umkleidezimmer und betreten die Bühne.

Sie haben richtig gehört, die Bühne. Auf der Bühne sind Sie von Spiegeln umgeben, die darauf abgestimmt sind, Sie im Brautkleid besonders schön aussehen zu lassen. Ebenso ist das Licht über der Bühne genau auf diesen Zweck ausgerichtet. Sie drehen sich und schauen dann großmütig auf das Publikum, um die Kommentare huldvoll entgegenzunehmen. Das Publikum, bestehend aus Mutter, Tante und Freundinnen, sitzt verzückt auf einem Ledersofa vor der Bühne.

Eigentlich müsste dieser Wohlfühleinkaufsnachmittag zusätzlich als Wellness-Service-Leistung verrechnet werden. Einkaufen als echtes Erlebnis! Das wird in vielen Publikationen gefordert. Wie oft haben Sie es bisher persönlich erlebt?

Sie müssen keinen Innenarchitekten engagieren, die Feng Shui-Beraterin bemühen oder aufwändige Designkonzepte erstellen lassen. Gut, lohnen würde sich das meistens. Aber lassen Sie wenigstens immer wieder einmal einen Bekannten oder Verwandten, der ein gutes Beurteilungsvermögen hat, Ihr Unternehmen bei einer Begehung begutachten. Halten Sie Ihre Mitarbeiter an, auf Emotionskiller zu achten. Oft können Sie mit viel Kreativität und wenig Geld die schlimmsten Sünden beseitigen.

3.2 Die richtigen Töne treffen

Ungefähr 100 Millionen Euro geben Einzelhändler in Deutschland pro Jahr für funktionelle Musik aus. Funktionelle Musik ist, wie der Name sagt, Musik, die eine bestimmte Funktion erfüllt. Im Alltag wird Musik immer wieder funktionell eingesetzt. Der Don Juan, der die Liebste zum ersten Date nach Hause zum Abendessen bei Kerzenschein eingeladen hat, der wird kaum Punk-Rock auflegen. Wenn Sie sich bei einem Gläschen Wein nach einem hektischen Tag entspannen wollen, dann wird es wohl auch eher ein Klavierkonzert oder Céline Dion als ein Heavy Metal Gitarrensolo sein. Soll allerdings die Party in Schwung kommen, dann ist Rhythmus angesagt. Mordszenen im Film hinterlegt man selten mit dem letzten Festzelthit, und im Festzelt gelingt es nicht, die Menschen mit einer Bachsonate auf die Tische zu jagen, höchstens aus dem Zelt.

Im Einzelhandel ist das Ganze etwas diffiziler. Deshalb wird bei einem professionellen Vorgehen zunächst ein Store Check durchgeführt. Es geht vor allem darum, Konsumentenprofile zu erhalten, von den Kunden, die im Laden oder in den verschiedenen Abteilungen einkaufen. Auf der Basis dieser Erkenntnisse wird dann ein spezielles Soundprofil erstellt. Das ist im Eingangsbereich großer Kaufhäuser meist ein Einheitsbrei aus Mainstream-Musik. Jeder soll sich wohlfühlen, störende Geräusche sollen ausgeblendet werden und der Kunde soll auf einem Klangteppich einschweben. Dieser Klangteppich ist aber nicht für alle Abteilungen geeignet. Je nach Abteilung wird verschiedene Musik ausgewählt. Sind mehr Frauen unterwegs, mehr Männer, bin ich in der Feinkostabteilung oder bei den Büchern? Für jede Kaufsituation gibt es passende Musik.

Wenn Sie in einer Innenstadt einkaufen und verstörte Erwachsene sehen, die sich mit Einkaufstüten bepackt in dunklen Ecken herumdrücken, dann ist sicher ein zurzeit total angesagter Store für Jugendliche in der Nähe. Die Jugendlichen haben die Eltern abgestellt, um mal kurz reinzuschauen. Denn die Eltern würden angesichts der Einrichtung des Stores und der Beschallung, die nur Jugendliche als Musik identifizieren können, sowieso nach ein paar Minuten die Flucht ergreifen.

Jugendabteilungen in Kaufhäusern sind dagegen in Bezug auf die Musik elternfreundlicher gehalten, und das vor allem nach Feierabend und am Wochenende. Manche Jugendliche setzen sich dann der Peinlichkeit aus, mit den Eltern gesehen zu werden und schleppen sie zum Einkaufen mit, weil die eigene Geldbörse nicht reicht. Die Musikexperten wissen das und modifizieren zu diesen Zeiten das Klangkonzept. Auch die Eltern sollen sich einigermaßen wohlfühlen und lange verweilen. Denn darum geht es: Je wohler sich jemand fühlt, desto länger bleibt er – im Festzelt, bei der Party und auch im Kaufhaus. Eine aktuelle Studie der Hochschule der Medien (HdM) Stuttgart ergab, dass 50 Prozent der befragten Verbraucher, die ein Geschäft missgestimmt betraten, wegen der Musik länger als geplant verweilten.

Je wohler sich jemand fühlt, desto länger bleibt er. Im Festzelt, bei der Party und auch im Kaufhaus.

Eines der bekanntesten Experimente zum Thema funktionelle Musik stammt von Ronald E. Milliman, einem renommierten amerikanischen Marketingprofessor. Er beschäftigte sich mit dem Einfluss des Tempos der eingespielten Kaufhausmusik.

Über konstante Zeiträume wurde in einem Supermarkt entweder keine, langsame oder schnelle Musik eingespielt. Es wurde gemessen, wie lange die Kunden zwischen zwei festgelegten Punkten verbrachten. Dabei konnte Milliman Folgendes feststellen: Bei langsamer Musik verbrachten die Kunden mehr Zeit vor den Verkaufsregalen. Der Tagesumsatz lag bei langsamer Musik signifikant höher als bei schneller. Milliman folgerte daraus, dass das langsamere Bewegen der Kunden im Laden den Kunden dazu bringt, mehr Bedürfnisse zu entwickeln und mehr Produkte zu kaufen. Per Fragebogen wurde ermittelt, dass sich nur wenige Kunden der eingespielten Musik bewusst geworden waren.

Einer der anerkanntesten Spezialisten für Sounddesign ist Mood Media aus Hamburg (www.moodmedia.com). Der Geschäftsführer von Mood Media bringt es auf den Punkt: „Kunden mögen keine Stille". Stille ist für die meisten Kunden unangenehm. Sie wirkt steril, und die Geräusche, die nicht gehört werden sollten, wie Lüfter, Rolltreppe oder das Kassenpiepen fallen auf und stören.

Dass Umsatzsteigerungen sogar produktbezogen initiiert werden können, wies kürzlich die ACG Audio Consulting Group aus Hamburg nach. In einem Supermarkt wurde das bekannte Audiologo eines im Sortiment befindlichen Produkts ohne weitere Hinweise in das Programm des Instore-Radios integriert. „An den Tagen, an denen dies der Fall war, wurde das Produkt signifikant stärker abverkauft", so der ACG Geschäftsführer, „durch strategischen Akustik-Einsatz lassen sich also ganz konkrete Effekte erzielen."

Wenn Sie funktionelle Musik einsetzen, sollten Sie Folgendes klären:

- Welche Musik hören meine Bezugsgruppen?
- Wann ist welche Bezugsgruppe überwiegend im Geschäft?
- Ist die Qualität der Darbietung akzeptabel?
- Ist die Lautstärke so eingestellt, dass die Musik angenehm im Hintergrund bleibt und somit kein Gesprächshindernis darstellt?
- Ist die Musik mit anderen atmosphärischen Servolationen sinnvoll gekoppelt, z. B. Beduftung, damit es für den Kunden ein positives und stimmiges Gesamterlebnis wird?

Vermeiden sollten Sie Folgendes beim Einsatz von funktioneller Musik:

- Weder Ihre Musikvorlieben noch die der Angestellten sollten ausschlaggebend für die Musikauswahl sein.

- Musik sollte nicht zu laut und zu komplex sein.
- Spielen Sie nicht zu jeder Tageszeit die gleiche Art von Musik ab.
- Lassen Sie morgens eher flottere Musik einspielen und den Abend eher ruhig ausklingen.
- Setzen Sie nicht für alle Produkte und Abteilungen die gleichen Klangkonzepte ein.

Es wird nicht nur mit Musik versucht, das Emotionshirn des Kunden zu erreichen. Große Unternehmen gehen noch viel weiter und geben richtig viel Geld aus, um die Produkte an sich soundtechnisch zu designen. Sie forschen, wie der Keks richtig knacken soll, wie es beim Öffnen einer Getränkeflasche zu ploppen hat oder wie der Sound aus dem Auspuff nach Formel 1 klingt. Immer geht es einzig und allein darum, das Emotionshirn positiv zu stimulieren. Unser Denkhirn beschäftigt sich nicht damit, das Knacken des Kekses zu analysieren. Es nimmt es gar nicht wahr. Unser Emotionshirn allerdings sehr wohl. Schlapp ist negativ! Cross ist positiv! Die Servolation kann bis in die Molekularstruktur eines Kekses reichen.

- *Aufgelesen*

Im Forschungs- und Innovationszentrum von BMW, einem vollverspiegelten Gebäude im Norden von München, leitet Rudolph die Abteilung Akustik und Schwingungen. Gemeinsam mit seinen 200 Mitarbeitern hat er die Aufgabe, Geräusche zu eliminieren, zu verändern, gewünschte Anteile zu verstärken. Damit aus jedem Geräusch im und am Auto der typische BMW-Sound wird.

Der klingt in erster Linie nach guter Qualität und viel Geld. „Wenn ein Kunde eine sechsstellige Summe für einen 7er hinlegt, will er keinen Wagen bekommen, der sich wie eine Blechbüchse anhört", sagt Rudolph. Wer eine BMW-Tür zuschlägt, sollte kein „hohles", sondern ein „dumpfes" Geräusch hören. „Der Fahrer muss das Gerät beim Zuschlagen der Wagentür mit einer massiven Tressortür assozziieren, die einen Crash unbeschadet übersteht und für Sicherheit sorgt." Der elektrische Fensterheber wiederum soll eine spielerische Leichtigkeit vermitteln.

(Wrummm! DIE ZEIT, Nr. 37, 4. September 2008, Seite 74)

Für kleine und mittelständische Unternehmen ist Produktdesign mit Sound natürlich eine Welt, die kaum erreichbar ist. Allerdings gehen Service-Weltmeister wachen Ohres durch ihr Unternehmen. Quietschen Türen, brummt die Klimaanlage in der Ausstellung zu laut, wie hört sich unsere Telefon-Wartemusik an? Kann ich mit Kunden sprechen, ohne dass er dem Lärm in der Werkstatt ausgesetzt ist, den ich schon gar nicht mehr wahrnehme? Muss es sein, dass das Geräusch des Bohrers bis ins Wartezimmer des Zahnarztes dringt, was besonders subtilen Foltermethoden gleichkommt? Das sind Feinheiten, klar. Die Frage ist nur, warum große Konzerne eben für diese Feinheiten Millionen investieren und kleine und mittelständische Unternehmen oft nicht einmal dazu bereit sind, etwas Zeit in das Aufspüren von Kundenstörgeräuschen zu investieren. Service-Weltmeister haben ein waches Ohr für falsche Töne.

3.3 Die Nase betören

● *Aufgelesen*

Immer der Nase nach

Gerüche treffen mitten ins Herz – kein Wunder, denn das Gehirn schickt die Reize des Riechens als erstes durch seine Gefühlswelt ... Im Gegensatz zu allen anderen Sinneswahrnehmungen nimmt das menschliche Gehirn Geruchsreize zuerst gefühlsmäßig wahr, bevor es sie mit dem Verstand analysiert. „Das ist das Besondere und das Schöne am Geruchssinn", sagt die Diplomandin (Anm.: Carolin Mößgang) am Lehrstuhl für Experimentelle Psychologie an der Universität Regensburg. Die Nervenimpulse anderer Sinneswahrnehmungen, zum Beispiel des Hörens und Sehens, durchwandern als Erstes das so genannte „Tor zum Bewusstsein", den Thalamus. In dieser Gehirnregion klopft der Geruchsreiz aber erst an, nachdem er die für Emotionen zuständige Amygdala und den für das Gedächtnis zuständigen Hippocampus durchlaufen hat.

(Mittelbayerische Wochenendausgabe Samstag/Sonntag 17. – 18. November 2007)

Noch bevor die Evolution das Sehen und das Hören erfunden hat, konnten Lebewesen schon riechen. Deshalb gibt es eine direkte Verbindung von der Nase zum Gehirn. Wo ist Futter zu finden, wo droht Gefahr, was riecht essbar, was giftig, welcher Sexualpartner eignet sich am besten für die Fortpflanzung? Die Nase ist unser am meisten unterschätztes Sinnesorgan. Sie kann ca. 10 000 Gerüche unterscheiden. Diese Gerüche rufen im Emotionshirn ohne Umwege Gefühle wach. Deshalb eignen sich Gerüche bestens für Servolation.

Der Pionier und Duftmarketingspezialist FRAGRO GmbH aus München veröffentlicht auf seiner Homepage folgende Zusammenfassung von Studienergebnissen über den Einsatz von professionellem Duftmarketing.

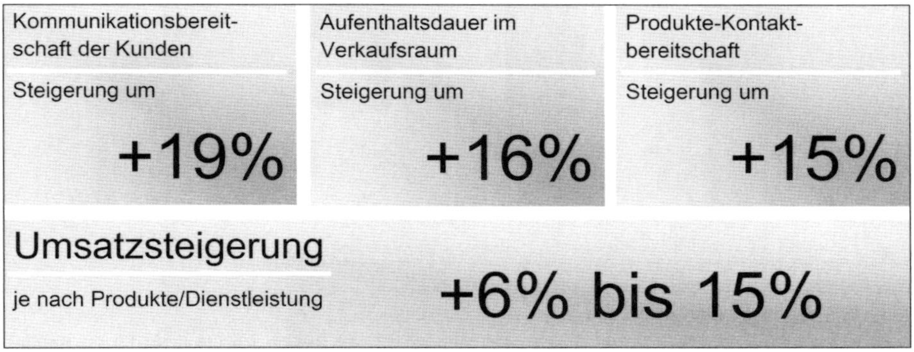

Kommunikationsbereitschaft der Kunden	Aufenthaltsdauer im Verkaufsraum	Produkte-Kontaktbereitschaft
Steigerung um	Steigerung um	Steigerung um
+19%	+16%	+15%
Umsatzsteigerung je nach Produkte/Dienstleistung	+6% bis 15%	

Abbildung 7: Umsatzsteigerung durch den Einsatz von Duftmarketing
Quelle: METATRAIN GmbH nach FRAGRO GmbH www.voitino.com

In eine ähnliche Richtung weist eine Studie der Universität Paderborn zum Thema Duftmarketing in Handel und Dienstleistung, die in Zusammenarbeit mit Frau Prof. Dr. Stöhr erstellt wurde. Die Studie kam zu folgenden durchschnittlichen Ergebnissen:

1. Steigerung der Beratungsbereitschaft um 18,8 Prozent
2. Steigerung der Kundenverweildauer um 15,9 Prozent
3. Steigerung der Kauflust um 14,8 Prozent
4. Umsatzsteigerung um 3 bis 6 Prozent

Ein Hotelzimmer, das muffig riecht, das Büro des Handwerkers, in dem ätzender Farbgeruch in der Luft liegt, die Verkäuferin, die vermuten lässt, dass sie am Morgen nicht geduscht hat – keine guten Gefühle. Das Emotionshirn will eher weg als bleiben.

Im Rahmen unserer Service WM fand ein Vortrag in einem Landhotel eines bekannten Ausflugsorts statt. Die Einrichtung war überwiegend aus Holz, recht urig und wirklich ansprechend, das Essen deftig, aber richtig gut, das Bierchen kühl und schmackhaft. Vor dem Vortrag dann noch einmal zum Örtchen. Da stürzte die Servolation in sich zusammen. Der olfaktorische Sinneseindruck dort war ähnlich der Duftnote, die Sie aufnehmen, wenn Sie sich zu fortgeschrittener Stunde beim Rosenheimer Herbstfest mitten ins Pissoir des größten Festzelts stellen und kräftig

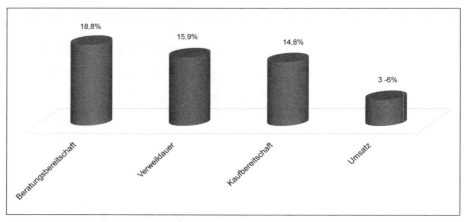

Abbildung 8: Der Einfluss des Duftmarketings
Quelle: METATRAIN GmbH nach Anja Stöhr, Air-Design als Erfolgsfaktor im Handel, Wiesbaden 1998

durchatmen. Das ätzt Ihnen die Luftröhre weg. Beim Bierfest ist das erträglich, da meist die Sinne so biervernebelt sind, dass sogar das Riechorgan aussetzt und die Erwartungshaltung in Bezug auf die Örtlichkeit eher gering ist. In der Toilette einer Gaststätte oder eines Hotel ist das unverzeihlich. Die Nase bestraft gnadenlos und trägt ein dickes Minus ins Emotionshirn ein.

- *Aufgelesen*

Die häufigsten Beduftungsfehler oder worauf Sie unbedingt achten sollten

1. *Falscher Raumduft*
   Die Raumbeduftung erfolgt mit einem Duft, der nicht zum Produkt oder der Dienstleistung passt. Ein Duft, der sich nicht harmonisch in das Ambiente einfügt, kann die Kunden auch irritieren.

2. *Falsche Beduftungsintensität*
   Die Beduftung ist nicht auf Öffnungszeiten und wechselnde Kundenfrequenz abgestimmt. Eine zu schwache Beduftung erzielt nicht die gewünschte verkaufsstimulierende und emotionale Wirkung. Eine zu starke Beduftung, d. h. eine „Parfümierung", wird von den Kunden schnell als unangenehm empfunden.

3. *Falsche Duftverteilung*
   Die Form des Raumes, die Deckenhöhe und vorherrschende Luftströmungen, die die Duftverteilung beeinflussen, werden nicht berücksichtigt.

4. *Temporäre Beduftung*
   Kopfnote, Blume und Fond der Düfte verflüchtigen sich unterschiedlich schnell. Um immer den gleichen Duftanteil in der Raumluft zu gewährleisten, muss stets eine kontinuierliche Beduftung erfolgen. Zudem muss immer mit einer genau dosierbaren Menge von Duftmolekülen beduftet werden.

5. *Kein Duftmanagement*
   Ein langfristig erfolgreiches Duftmarketing erfordert ein kontinuierliches Duftmanagement, das Qualität, Intensität, Kontinuität und Kundenakzeptanz gewährleistet.

(http://www.lasard.de/beduftungsfehler.html)

3.4 Die Haut streicheln

Als wir in der Warteschlange in den Universal Studios in Hollywood standen, wurden wir, ähnlich wie das Obst in manchen Supermärkten, mit feinem Wassernebel besprüht. Wäre das nicht der Fall gewesen, dann hätten wir nach der langen Wartezeit in der Hitze wahrscheinlich ausgesehen wie verschrumpeltes Gemüse. Wassernebel also als Servolation für die Haut, damit man trotz endloser Warteschlangen bei Laune bleibt.

In Saarbrücken checkten wir bei großer Hitze in einem Hotel ein. Die erste Frage war nicht nach unserer Reservierung, sondern: „Darf ich Ihnen ein Glas kühles Wasser anbieten?" Gerne, vielen Dank! Warum erlebt man so etwas nicht öfter? Kühle tut bei Hitze gut, Wärme bei Kälte – auch den Kunden. Wissen Sie, bei welcher Temperatur die Kunden am meisten kaufen? Ja, auch das wurde untersucht. 19 Grad ist die beste Einkaufstemperatur, zumindest im Supermarkt. Wenn es zu warm ist, dann werden die Kunden träge und verlieren die Kauflust, ist es zu kalt, dann wollen sie zu schnell wieder raus.

Sie können die Haut natürlich auch täuschen. Langfristuntersuchungen zeigen, dass die Menschen in Deutschland immer fülliger werden. In Bezug auf Frauen hat die Bekleidungsindustrie reagiert. Manche Hersteller haben ganz einfach die Konfektionsgrößen geändert. Was z. B. früher Größe 40 war, wurde jetzt zu Größe 38. „Juchu, mir passt Größe 38 noch, hab' doch gleich gewusst, dass ich nicht so viel zugelegt habe!" Das Emotionshirn ist selig und lächelt mitleidig über die, die zu Größe 40 greifen müssen. Aber wehe, wenn man dann ein Kleidungsstück in die Finger bekommt, das von einem Hersteller stammt, der bei der Größenänderung noch nicht mitgezogen hat. „Blöder Hersteller, kann doch gar nicht sein, passt hinten und vorne nicht, der soll mal sein Qualitätsmanagement überprüfen."

Die Haut möchte es bequem. Wie bequem sitzen die Kunden bei Ihnen? Es geht allerdings auch umgekehrt. Die Sitzmöbel in Schnellrestaurants werden absichtlich so konstruiert, dass sie nach ca. zehn Minuten unbequem werden. Sie sorgen dafür, dass die Verweildauer nur kurz ist.

„Magst du eine Wurst?", das war die Frage der Metzgersfrau beim Einkaufen, als wir noch mit der Mama zum Metzger tippelten. Nach kräftigem Kopfnicken bekam man meist eine Scheibe Wurst. Danach gab es die ominöse kurze Pause, in der die Metzgersfrau, die Mama und der ganze Laden kurz innehielten, ob das Kind das Zauberwort von selbst sagt, was meistens nicht der Fall war. „Wie sagt man?", schob deshalb Mama nach ein paar quälend langsam verstreichenden Sekunden nach. „Dankfe", mampfte das Kind, und alle waren zufrieden. Gibt es das eigentlich heute noch? Unser Metzger hat damals auch die Vereine auf diese Art und Weise servoliert. Immer mal eine Wurstspende für diverse Festivitäten. Das hielt die Vereinsmitglieder im Laden. Eigentlich einfach. Ein paar Snacks zur rechten Zeit hat noch kein Emotionshirn abgelehnt. Die kostenfreien Erdnüsse auf der Theke im Cafe sind auch immer gleich weg. Das Getränk dann allerdings ebenfalls. Salz macht durstig und treibt so den Getränkeumsatz nach oben.

3.5 Mit allen Sinnen verführen

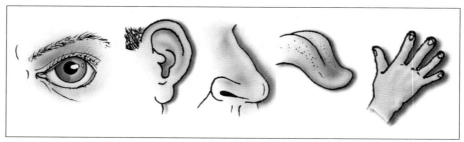

Abbildung 9: Einbezug aller Sinne
Quelle: METATRAIN GmbH, www.metatrain.de

Die Königsdisziplin der Verführung ist das Einbeziehen aller Sinne in ein stimmiges Gesamtdesign. Klassisch funktioniert das zum Beispiel auf einem Weihnachtsmarkt. Weihnachtsdeko und -lichter für die Augen, Weihnachtslieder für die Ohren, der Duft frischer Lebkuchen für die Nase, Glühwein für die Zunge – und das alles kombiniert mit dem warmen Mantel, in den das Emotionshirn eingemummelt selig in den Himmel schaut, von dem die dicken Schneeflocken leise zur Erde rieseln. Gut, bei manchen Weihnachtsmärkten plärrt Roberto Blanco aus einem scheppernden Lautsprecher, die Currywurst mit Pommes traktiert die Nase, die Zunge wird von einer undefinierbaren, geschmacksverstärkten Zuckerbrühe beleidigt und die Krönung ist der Regen, der von der Markise der Kunststoffbude direkt in den Nacken tropft.

Auch ein Sinnes-Gesamtbild für das Emotionshirn. Ob die gewünschte Wirkung erzielt wird, ist aber fraglich.

Insgesamt ist der Grat für die Verführung mit allen Sinnen schmal. Sie kann auch gewaltig schief gehen. Falsche Beduftung kann Allergiker aus dem Geschäft treiben, Musikstücke können nicht nur positive, sondern auch negative Emotionen auslösen. Man kann vieles falsch machen und oft ist weniger mehr.

Sinnloser Sinnes-Overload kann Emotionshirne in Stress versetzen.

Auf diesem Gebiet wird sich in naher Zukunft vieles tun. Pioniere arbeiten bereits an den unterschiedlichsten Lösungen. So hat Philips zum Beispiel ein System vorgestellt, das den Betrachter eines Schaufensters mit einer Spezialkamera aufnimmt und analysiert, ob dessen Augen intensiver auf einem Produkt haften bleiben. Ist dies der Fall, beginnt das Schaufester über einen Lautsprecher über dieses Produkt zu reden und auf die Schaufensterfläche werden zusätzliche Bildinformationen projiziert. Das soll die Menschen einladen, in den Laden zu kommen, um das Produkt zu kaufen. Auch hier gilt es abzuwarten, ob es wirklich so prickelnd für Kunden ist, wenn das Schaufenster zu sprechen beginnt und die Menschen ringsherum mitbekommen, was man denn gerade so intensiv betrachtet hat. Manche Kunden schauen dann vielleicht gar nicht mehr in die Schaufenster. Es sind dann Wegschaufenster.

Sie können große Geschütze auffahren, um die Sinne Ihrer Kunden für sich zu gewinnen. Oft erreichen Sie aber für Ihr Unternehmen bereits mit geringen Mittel sehr gute Ergebnisse. Vieles können Sie selbst mit Kreativität und gesundem Menschenverstand optimieren und designen. Wird es komplexer, sollten Sie Profis hinzuziehen, damit Ihre Sinnesoffensive nicht zum Emotionshirnkiller wird.

Service-Weltmeister nutzen alle Sinneskanäle für ein positives Emotionsbild ihres Unternehmens.

4 Wie Service-Weltmeister werben

Im Hirn eines jeden Kunden gibt es einen Thronsaal. In diesem Thronsaal befindet sich allerdings nicht nur ein Thron, sondern es gibt dort viele. Auf jedem dieser Thronsessel darf jeweils nur eine Marke einer Produktkategorie oder einer Dienstleistungskategorie Platz nehmen. Dort sitzt deshalb nur eine Schokomarke, eine Biermarke, eine Automarke, ein Bäcker, ein Metzger, ein Arzt, ein Cafe, ein … Befindet sich beispielsweise eine bestimmte Schokomarke auf einem Thronsessel, dann bekommt keine andere Schokomarke Zugang zum Thronsaal. Das ist eine Funktion, die unser Gehirn entlastet und Energie spart, denn jede Entscheidung kostet Energie. Anderenfalls würden Kunden sonst vielleicht stundenlang vor dem Schokoregal stehen und überlegen, ob es jetzt die Milka, die Ritter Sport oder die Lindt sein soll. Das Kundenhirn müsste richtig arbeiten und das mag es, wie gesagt, gar nicht. So schieben die Kunden am Schokoregal vorbei, und ihr Emotionshirn führt ihre Hand an die richtige Stelle. Einen Thron im Kundenhirn zu erklimmen ist deshalb Ziel jeder Marke. Wie kann es aber heutzutage gelingen, diesen Platz im Kundenhirn zu erobern?

4.1 Umsatzfaktor Sympathie

Die Markenstudie der Frauenzeitschrift „Brigitte" mit dem Titel „Die Macht der Sympathie" liefert Erkenntnisse aus 20 Jahren Markenforschung der „Brigitte" und brachte an den Tag, dass Sympathie der Schlüssel zum Markenerfolg ist.

Im Markendreiklang: Ich kenne Dich! Ich mag Dich! Ich kaufe Dich! setzt die Brigitte-Studie den Schwerpunkt auf den zweiten Punkt: Ich mag Dich. Und das ist nichts anderes als Sympathie. Sympathie ist für Menschen und Marken das wichtigste Auswahlkriterium. Professionelle Bewerbungstrainer zum Beispiel setzen den Schwerpunkt im Bewerbungsgespräch auf das Erzeugen von Sympathie.

> • *Aufgelesen*
>
> *Im Vorstellungsgespräch „Mr. Nice" sein*
>
> *Bewerber sollten im Vorstellungsgespräch versuchen, ihre Gesprächspartner für sich einzunehmen. Gelingt das, kann das schon die halbe Miete sein. „Sei sympathisch!" lautet deshalb der Tipp von Jürgen Hesse.*
>
> *Denn Sympathie produziere Vertrauen. „Versuchen Sie, die Sympathie Ihres Gegenübers zu gewinnen", sagt der Karriereberater aus Berlin. „Lassen Sie sich von ihm adoptieren. Seien Sie Mr. Nice." Zwar zählen auch sicheres Auftreten, Sachkompetenz oder eindrucksvolle Rhetorik. Aber nicht zuletzt müssen Bewerber einen Draht zum Gegenüber finden.*
>
> (http://www.n24.de/news/newsitem_5495316.html)

An sich ist es ganz einfach. Beantworten Sie sich nur selbst folgende Fragen:

- Sind Sie lieber mit sympathischen oder mit unsympathischen Menschen zusammen?
- Kaufen Sie eher in Geschäften, die auf Sie sympathisch wirken, oder in Geschäften, die auf Sie unsympathisch wirken?
- Möchten Sie eher als sympathisch oder als unsympathisch gelten?

Sympathie ist ein Erfolgsfaktor erster Güte.

Sympathie zieht an, Antipathie stößt ab. Sympathie macht erfolgreich, Antipathie einsam.

In der genannten Brigitte-Studie wurde festgestellt, dass bei Marken mit der Bezugsgruppe Frauen der Bekanntheitsgrad um 2,6 Prozent gesteigert werden muss, um 1 Prozent Umsatzsteigerung zu erreichen. Um die gleiche Umsatzsteigerung zu erzielen, muss der Sympathiegrad aber nur um 1,1 Prozent erhöht werden. Es lohnt sich also, mehr in den Sympathiegrad zu investieren als in den Bekanntheitsgrad.

Natürlich müssen Sie auch hinlänglich bekannt sein. Wenn niemand weiß, dass es Sie gibt, dann wird auch niemand bei Ihnen kaufen. Die Werbung von kleinen und mittelständischen Unternehmen, die wir sehen, zielt allerdings sehr oft entweder auf Rabatt, auf eine Aktion oder auf Bekanntheit. Kaum eine Werbung zielt auf Sympathie. Wenn Sie deshalb in Ihrer Region bereits einen ausreichenden Bekanntheitsgrad erreicht haben, dann

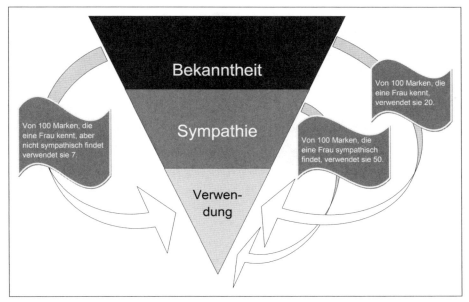

Abbildung 10: Der Zusammenhang zwischen Bekanntheit, Verwendung und Sympathie
Quelle: METATRAIN GmbH nach Brigitte Studie „Die Macht der Sympathie"

sollten Sie vor allem an der sympathischen Ausstrahlung Ihres Unternehmens arbeiten. Um das zu erreichen, müssen Sie es wiederum schaffen, das Emotionshirn Ihrer Bezugsgruppe zu stimulieren.

Hier ein Beispiel für sympathische Werbung, man höre und staune, von einer Stadtreinigung, und zwar der aus Berlin (siehe auch Abbildung 11).

- *Aufgelesen*

Die Entscheidung, einen (fiktiven) Mitarbeiter der BSR als Kommunikationsträger zu etablieren, war eine logische Konsequenz aus der Anforderung, durch Sympathie die Grundlage für Information und Appell zu schaffen. Durch diesen Schritt wurde der anonymen Dienstleistung und dem Unternehmen BSR ein Gesicht gegeben – die BSR wurden zu einer Persönlichkeit, die man kennt und achtet. Da die Mitarbeiter für die Öffentlichkeit der sichtbare Teil der BSR sind, stellt der Bürger eine Verbindung zwischen dem projizierten Image des fiktiven BSR-Mitarbeiters und dem realen Mitarbeiter her. Die Mitarbeiter sollten im Rahmen der Kampagne wie lebende Reminder wirken und das positive Bild der Kommunikation bei jeder Begegnung bestätigen.

(http://www.bsr.de/bsr/html/6763.htm)

Abbildung 11: Sympathische Werbung der Stadtreinigung Berlin
Quelle: Berliner Stadtreinigungsbetriebe www.bsr.de

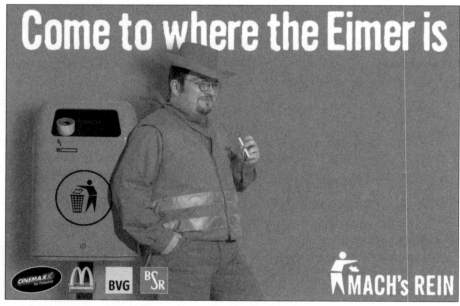

Abbildung 12: Noch ein Beispiel für sympathische Werbung
Quelle: Berliner Stadtreinigungsbetriebe www.bsr.de

Der Erfolg der Kampagne gibt dem Werber recht. Innerhalb von nur drei Monaten wurden alle Imagewerte um 11 bis 13 Prozent verbessert. Auch die Akzeptanz für die nachhaltige Verbesserung der Sauberkeit des öffentlichen Raums erhöhte sich. Immer mehr Menschen befolgten den Slogan: „Come to where the Eimer is". Statt ihren Müll achtlos fallen zu lassen, nutzten die Bürgerinnen und Bürger häufiger als zuvor einen der über 20 000 Berliner Papierkörbe. Und bei Massenveranstaltungen wie der Love Parade übernahmen Raver sogar freiwillig die Befreiung der Straßen und Grünanlagen von leeren Dosen und Pappbechern. Denn als Bonus erhielten die „Handlanger" ein T-Shirt mit jährlich wechselndem Slogan. Heute sind diese Shirts heiß begehrte Sammlerstücke, die sogar ihren Weg ins Museum gefunden haben. Im Deutschen Historischen Museum sind sie Teil der Sammlung Alltagskultur.

(http://berlin.business-on.de/klett-verlag-ren-heymann-we-kehr-for-you-_id15025.html)

Natürlich steckt dahinter eine Werbeagentur. Aber auch ohne große Werbebudgets kann man mit Anzeigen sympathisch kommunizieren und signalisieren, dass man die Kunden auf Händen trägt.

Abbildung 13: Hier wird der Kunde auf Händen getragen
Quelle: Service Journal Traunsteiner Tagblatt – Service-WM 2010

Übrigens sind Menschen an sich hervorragende Werbeträger, insbesondere deren Gesichter. Es gibt keine wichtigere Information für uns Menschen als das Gesicht einer anderen Person.

Das biomedizinische Life-&Brain-Institut aus Bonn erhielt den Auftrag herauszufinden, wie Gesichter in der Werbung wirken. Die Untersuchungen mit der Magnet-Resonanz-Tomografie (MRT) ergaben, dass bei Logos nur Areale im Gehirn aktiviert werden, die der höheren visuellen Verarbeitung zuzuordnen sind. Bei Gesichtern allerdings wurde Aktivität dort sichtbar, wo Emotionen und Gedächtnisbildung verortet sind. Gesichter wirken also auf das Emotionshirn und bleiben auch länger im Gedächtnis als Logos. Deshalb ist es sinnvoll, mit Gesichtern zu werben!

● *Aufgelesen*

Der Feldversuch: Quarks-Experiment im Supermarkt

Gesichter bringen das Konsumenten-Gehirn also wirklich stärker in Wallung als schnöde Logos. Aber: Motivieren sie die Kunden auch dazu, tatsächlich mehr zu kaufen? Dazu gibt es noch keine Studien, daher hat Quarks & Co das Experiment gewagt: In einem Kölner Supermarkt haben wir zusammen mit den Bonner Wissenschaftlern getestet, ob Gesichter auch in einer realen Kaufsituation mehr Aufmerksamkeit und mehr Gedächtnisaktivität erregen als Logos – und ob es einen Unterschied macht, ob das Gesicht prominent ist oder nicht.

In unserem Versuch soll ein Plakat Kunden zu einer erfundenen Weinmarke und einem Preisausschreiben locken. Einmal zeigt das Plakat ein zum Produkt passendes Objekt – eine Weinrebe – plus Logo, in der zweiten Version ein unbekanntes Gesicht, in einer dritten das Konterfei eines prominenten WDR-Moderators: Götz Alsmann. Mit versteckten Kameras beobachten wir zwei Tage lang, welche Variante die meisten Blicke auf sich zieht – und welches Motiv die Kunden am ehesten dazu bewegt, beim Preisausschreiben mitzumachen oder gar eine Flasche Wein zu kaufen. Zusätzlich platzieren wir auf den Plakaten Informationen über das Anbaugebiet des Weins. Dazu befragen wir später die Kunden. So wollen wir herausfinden, ob Gesichter auch in der Praxis dem Gedächtnis der Käufer auf die Sprünge helfen.

Zusammen mit den Bonner Wissenschaftlern verfolgen wir das Verhalten der Kunden an einem Monitor im Nebenraum. Jeder Blickkontakt, jede Aktion wird protokolliert. Das Ergebnis: Bei den beiden Plakaten mit Gesicht gab es rund 20 Prozent mehr Blickkontakte als bei dem

Plakat mit Logo und Weintraube; ein statistisch signifikantes Ergebnis. Umgerechnet auf die Durchschnittszahl von einer Million Kundenkontakten in deutschen Läden wären dies rund 200 000 Blickkontakte mehr für Werbung oder Verpackungen mit einem Gesicht! Das Bild von Götz Alsmann erhielt übrigens die meiste Aufmerksamkeit und stimulierte die Kunden am ehesten dazu, beim Preisausschreiben mitzumachen oder eine Flasche Wein zu kaufen. Und die Kunden, die sich tatsächlich noch an das Anbaugebiet auf dem Plakat erinnern konnten, waren ausschließlich solche, die das Plakat in der Promi-Version wahrgenommen hatten.

Im Großen und Ganzen bestätigt der Praxistest also die Ergebnisse der Bonner Hirnforscher: Gesichter sprechen Kunden stärker und nachhaltiger an als Werbe- und Produktdesigns mit anderen Motiven.

(http://www.wdr.de/tv/quarks/sendungsbeitraege/2008/0226/004_einkaufen.jsp)

4.2 Umsatzfaktor Vertrauen

Ein weiterer Faktor, der ebenso wirksam ist wie der Sympathiegrad und mit ihm eng zusammenhängt, ist Vertrauen.

Die Anzeige in Abbildung 14 setzt auf Vertrauen. Ein Unternehmen, das seit 300 Jahren besteht, muss ja seriös und vertrauenswürdig sein, meint unser Emotionshirn, solange es keine gegenteiligen Informationen erhält.

Eine andere Funktion erfüllt diese Anzeige zudem. Sie erzeugt Aufmerksamkeit. Beim schnellen Durchblättern des Servicejournals, aus dem diese Anzeige stammt, blieb unser Emotionshirn sofort hängen. Warum? Immer, wenn irgendetwas anders ist als erwartet, reagiert das Sicherheitsprogramm im Emotionshirn sofort. Es fährt die Aufmerksamkeit hoch, weil eine Veränderung ja Gefahr bedeuten könnte. Erst wenn eindeutig alles im grünen, sicheren Bereich zu sein scheint, fährt das Sicherheitsprogramm wieder auf Normalzustand. Dann ist oft das Interesse schon geweckt und unser Hirn beschäftigt sich weiter mit dem, was die Aufmerksamkeit erregt hat. Paul Johannes Baumgartner, ein bekannter Radiomoderator aus Bayern, mit dem wir bereits mehrmals bei Vorträgen auf der Bühne standen, drückt das so aus:

„Bring die Leute zum Lachen oder zum Weinen, alles dazwischen versinkt im tiefen Ozean der Langeweile."

Paul Johannes Baumgartner

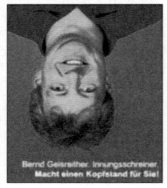

Abbildung 14: Beispiel für eine gelungene Anzeige
Quelle: Service Journal Hallertauer Zeitung – Service-WM eins-a2010

Im übrigen beweist diese Anzeigengestaltung wieder einmal, dass auch kleine, kreative Ideen eine große Wirkung haben können.

Vertrauen ist ein Faktor, der ebenso wirksam ist wie der Sympathiegrad. Auswertungen der Kundenbefragungen im Rahmen unserer Service-WMs zeigen, dass Vertrauen der zweitwichtigste Grund dafür ist, warum Unternehmen von ihren Kunden aktiv weiterempfohlen werden. Der wichtigste ist übrigens Freundlichkeit, die wiederum Sympathie erzeugt. Vertrauen ist etwas, das Kunden wollen, wonach Kunden sich sehnen, das, was sie fast niemanden mehr schenken. Deshalb sollten Ihre Werbemaßnahmen Vertrauen erzeugen.

Eine Bekannte hatte bei einem Optiker in ihrer Stadt eine Brille gekauft. Sie zeigte uns ein Schreiben, das sie kurz nach dem Brillenkauf erhielt. Hier ein Textauszug:

„... Ob Ihre Brille immer noch einwandfrei sitzt und die optimale Passform hat, können Sie bei jeder Gelegenheit überprüfen lassen. Selbstverständlich kostenlos. Wenn Sie bei uns in der Nähe sind, schauen Sie einfach einmal vorbei.

Was nun, wenn Sie mit unserer Leistung nicht zufrieden sind? Ganz einfach: Kommen Sie mit Ihrer Brille zu uns. Wir tauschen sie um oder nehmen sie zurück und erstatten den Kaufpreis. Ohne jede Frage. Innerhalb von dreißig Tagen nach Erhalt dieses Briefes …"

Lassen Sie sich diese Sätze noch einmal auf der Zunge zergehen: „Wir tauschen sie um oder nehmen sie zurück und erstatten den Kaufpreis. Ohne jede Frage. Innerhalb von dreißig Tagen nach Erhalt dieses Briefes."

Das ist Vertrauensaufbau! Dieses Serviceversprechen zieht an. Aufgrund der guten Erfahrung der Bekannten hat auch deren Sohn zu diesem Optiker gewechselt. Er ist Student, Träger von Kontaktlinsen und kaufte zum ersten Mal die Linsen mit der Kontaktlinsenflüssigkeit bei diesem Optiker. Als er die Flüssigkeit benutzte, brannte sie ihm in den Augen. Aber lesen Sie selbst.

- *Aus der Praxis*

Aufgrund eines starken Juckens im Auge und weil meine Freundin das gleiche Jucken beim Benutzen des Kontaktmittels empfand, beschwere ich mich mit einer E-Mail bei der Zentrale dieses Optikergeschäfts. Zwei Tage später erhielt ich dann per E-Mail eine Antwort. Die Kontaktperson bat mich, ihr meine Filiale mitzuteilen. Anschließend bekam ich eine E-Mail, dass sich ein Ansprechpartner vor Ort darum kümmern würde und dass sie es sehr bedauern würden, dass ich solche Beschwerden hätte. Eine Woche später bekam ich von der Zentrale ein Paket mit einer Champagnerflasche und dem Anschreiben, dass es dem Optiker bzw. dem Kundenservice-Angestellten leidtun würde, dass ich und meine Freundin mit dem Kontaktlinsenmittel Probleme hatten. In der gleichen Woche bekam ich einen Anruf von dem Filialleiter meiner Filiale, der mich nach meinen Beschwerden fragte und mich bat, bei ihm vorbeizukommen. Als Entschädigung erhielt ich zwei Flaschen eines anderen Kontaktlinsenmittels und eine kleine Flasche zusätzlich dazu. Nach circa vier Wochen bekam ich nochmal ein Schreiben von der Zentrale, als Geschenk war diesmal ein sehr großes Brillenputztuch angehängt. In dem Schreiben entschuldigt sich noch der Kundenservice für die Unannehmlichkeiten. Seitdem bin ich natürlich wieder hochzufriedener Kunde bei diesem Optiker. Viele Personen stimmen mir auch dabei zu, dass man bei diesem Optiker einen super Service bekommt, zum Beispiel wird dort die Frage gestellt: „Darf ich Ihnen die Brille reinigen?" Auch das Aufhalten der Tür beim Verlassen des Geschäfts ist schön.

Wenn wir dieses Beispiel bei Vorträgen erzählen, dann ist immer wieder mal ein Optiker dabei, der sagt: „Das kann ich nicht, dazu bin ich zu klein." „Ja", antworten wir, „das glauben wir Ihnen gerne, aber was ist Ihre Antwort? Was haben Sie, was dieser Optiker nicht hat und vielleicht nicht kann?" Meist ist Schweigen die Antwort.

Vertrauen ist ein Verkaufsfaktor, den vor allem kleine, inhabergeführte und regional verankerte Unternehmen aufbauen und leben können. Dabei ist aber immer auch zu beachten, dass Vertrauen sehr fragil ist. „Das Vertrauen eines Kunden zu gewinnen dauert manchmal Jahre, es zu verlieren oft nur wenige Sekunden." Ein schönes Zitat, dessen Urheber wir noch nicht gefunden haben, deshalb hier veröffentlicht unter unbekannt.

„Das Vertrauen eines Kunden zu gewinnen dauert manchmal Jahre, es zu verlieren oft nur wenige Sekunden."

Unbekannt

Vertrauen ist in unserer Gesellschaft sehr brüchig geworden. Ob Politiker, Banker, die Kirche oder die Werbung, alle haben ihre Skandale. Wem soll man noch vertrauen? Deshalb ziehen sich viele Menschen auf Freunde und Bekannte zurück, wenn es darum geht, Vertrauen zu schenken. Gerade in der Werbung hat das Auswirkungen. Laut einer Studie des Markforschungsinstituts Nielsen vertrauen 90 Prozent aller Konsumenten weltweit vor allem den Empfehlungen ihrer Freunde und Bekannten.

● *Aufgelesen*

Konsumenten-Empfehlungen spielen bei Kaufentscheidungen branchenübergreifend eine wichtige Rolle. So sagen mehr als vier von zehn Deutschen (42 Prozent), dass persönliche Ratschläge von Freunden und Kollegen einen großen oder sehr großen Einfluss auf ihre Produktwahl ausüben. Das ist ein Ergebnis der aktuellen Online-Studie „Opinion Leader", die die defacto research&consulting GmbH, Erlangen, in Zusammenarbeit mit der Global Market Insite GmbH (GMI), München, durchgeführt hat. Dabei wurden im Februar 2008 insgesamt 1 200 Personen online-repräsentativ zu ihrem Kommunikations- und Empfehlungsverhalten befragt. Einen höheren Stellenwert als persönliche Empfehlungen haben bei Kaufentscheidungen lediglich die eigenen Erfahrungen der Konsumenten (90 Prozent).

(http://www.salesbusiness.de/index.php?do=show&alloc=172&back=1&id=9251)

Empfehlungen von Bekannten und anonyme Bewertungen im Internet genießen bei Konsumenten weltweit großes Vertrauen. Dies geht aus einer Studie des Marktforschungsunternehmens Nielsen hervor, die unter 25 000 Nutzern in 50 Ländern durchgeführt wurde.

In Deutschland vertrauen 89 Prozent der Konsumenten auf die Empfehlung eines Bekannten. Ebenfalls förderlich für das Vertrauen sind redaktionelle Inhalte, die 76 Prozent der Deutschen positiv bewerten. Anonyme Konsumentenbewertungen liegen immerhin bei 67 Prozent.

Klassische Werbeformate bleiben von ihrer Wirkung her weit hinter diesen Mundpropaganda-Techniken zurück. Das Schlusslicht bilden Werbe-SMS mit 18 Prozent. Als vertrauenswürdigste Form der klassischen Werbung gelten Marken-Websites. Weitere Nielsen-Studien zeigen, dass Online-Nutzer meist Marken-Websites besuchen oder Kontakt mit dem Hersteller aufnehmen, bevor sie eine Bewertung der Produkte abgeben.

(http://www.viralandbuzzmarketing.de/konsumentenbewertungen-geniessen-grosses-vertrauen/)

4.3 Schwärmen Sie!

Um Sympathie und Vertrauen zu gewinnen wird es immer wichtiger, die Schwärme zu nutzen. Einen Schwarm bilden Menschen, die auf der Basis von ähnlichen Werten, Vorlieben oder Interessen ein Zusammengehörigkeitsgefühl entwickelt haben. Das Element, in dem Schwärme sich bewegen, ist die Kommunikation vor allem in digitalen Kanälen. Schwärme sausen heutzutage durch den Ozean des World Wide Web. Ihre bevorzugten Reviere sind Blogs, Foren und soziale Netzwerke. Sie tummeln sich aber auch in mobilen Kanälen und manchmal sprechen sie sogar noch von Angesicht zu Angesicht ohne elektronische Hilfsmittel. Diese Schwärme sind zum einen schwer fassbar, zum anderen sehr mächtig. So ärgerte sich zum Beispiel eine zunächst kleine, englische Gruppe von Musikfreunden Weihnachten 2009 darüber, dass das Lied des Gewinners der englischen Casting-Show X-Factor von der Medienindustrie auf Platz 1 der englischen Hitparade gepusht werden sollte. Als Gegenbewegung forderten Sie dazu auf, einen 20 Jahre alten Rock-Song massenweise zu kaufen und so die Nr. 1 zu besetzen. Diese Botschaft verbreitete sich wie ein Virus. Wie verrückt wurde plötzlich der Rock-Song gekauft, und tatsächlich wurde der Casting-Song auf Platz zwei verwiesen. Das ist Konsumenten-Macht!

- *Aufgelesen*

Die Meute rückt an, als die Abenddämmerung einsetzt, sie drängt in den Berliner Blumenladen „Floristik Männertreu" und will nur eins: kaufen. Knapp 200 Menschen fallen wie ein Heuschreckenschwarm ein. Innerhalb weniger Minuten steht das erste Dutzend von ihnen vor der Kasse. Es wird geschoben und gedrückt, ein junger Mann hält schützend eine Hand über seine Rose.

Das gemeinsame Ziel wurde der Horde vorher zugeschickt, per SMS und Twitter, über Blogs und Facebook: Beschert dem Geschäft einen Umsatz, wie es ihn nie zuvor gesehen hat, hieß die Mission ... Der Schwarm in Prenzlauer Berg nennt sich Carrotmob und hat ein ... Ziel: Er will an einem konkreten Ort den Klimaschutz verbessern ... Am Anfang stand eine Art Auktion zwischen 14 Blumenläden in Prenzlauer Berg. Das Geschäft, das bereit war, den höchsten Anteil seines Tagesumsatzes in mehr Energieeffizienz zu investieren, bekomme Besuch von Carrotmob, lautete das Versprechen.

(DIE ZEIT 18. Februar 2010, Nr. 8)

In Schwärmen zirkulieren E-Mails, SMS, Instant Messenger zu Produkten, Marken, Unternehmen. Es wird bewertet, empfohlen, abgeraten, beschwert, gelobt. Wehe dem, der in Ungnade fällt. Es kann sein, dass ihn ein Schwarm Web-Piranhas bis auf die Knochen abnagt.

Große Unternehmen versuchen, die Schwärme mit sogenannten Viral-Marketing oder Buzz-Marketing zu beeinflussen. Sie setzen künstlich geschaffene Aktionen vor allem in die Welt des World Wide Web, von denen sie hoffen, dass sie sich wie ein Virus verbreiten. Das funktioniert zurzeit vor allem mit Viral-Videos hervorragend, und der Erfolg kann über die Aufrufe meist über YouTube auch gemessen werden. Allerdings ist Vorsicht geboten. Sobald ein Schwarm wittert, dass hier mit falschen Karten gespielt wird, geht der Schuss nach hinten los. Unternehmen kommen ja auf die Idee, Agenturen zu engagieren, die dann Blogs oder Ähnliches infiltrieren, um Meinung und Mundpropaganda zu machen. Kommt das heraus, so wird heftig abgestraft und der Imageschaden ist groß.

Noch eine Information ist wichtig. Die weiblichen Schwarmmitglieder sind zahlreicher als die männlichen. Wenn Sie also Produkte und Dienstleistungen für Frauen anbieten, lohnt es sich doppelt zu schwärmen.

- *Aufgelesen*

Goldmedia-Gastkolumne von Jana Lipovski:
Frauen und Social Media sind das „neue Traumpaar"

„Das Telefon ist weiblich", hieß es früher. Recht eindeutig konnte die Telefonforschung belegen, dass Frauen öfter, länger und wortreicher kommunizieren als Männer. Nicht nur fernmündlich, sondern auch per SMS. So zeigt eine aktuelle Studie, dass bei den 12- bis 17-jährigen Mädchen und Frauen in den USA das SMS-Schreiben mit 15 Prozent klar vor Fernsehen schauen und Bücher lesen (nur jeweils 10 Prozent) als liebste Freizeitbeschäftigung rangiert. Doch mittlerweile hat das weibliche Geschlecht eine neue Kommunikations(platt)form für sich entdeckt und lieben gelernt: das Internet.

Was aber machen Mädchen und Frauen dort am liebsten? Die Antwort ist schlicht: Social Networks nutzen! Die aktuelle Jugend-in-den-Medien (JIM)-Studie 2009 zeigt, dass 76 Prozent der 12- bis 19-jährigen Mädchen und jungen Frauen in Deutschland regelmäßige Nutzer von Online-Communities sind und in den meisten Fällen mehrmals täglich ihr Profil checken. Junge Männer machen dies dagegen „nur" zu 66 Prozent.

Frauen scheinen mit sozialen Netzwerken ihr ideales Kommunikationsmedium gefunden zu haben. In den USA ist die Social-Media-Nutzung von Frauen derart intensiv, dass mehr als ein Drittel der 18- bis 34-jährigen US-Amerikanerinnen in einer aktuellen Erhebung zugaben, dass sie bereits mit ihrem iPad eingeschlafen sind, während sie in sozialen Netzwerken unterwegs waren. (Dies ist hoffentlich kein Indikator dafür, dass die Inhalte wie ein Sedativum wirken.) 26 Prozent stehen extra nachts auf, um ihre Nachrichten zu checken. Und 34 Prozent der Nutzerinnen öffnen nach dem Aufwachen als erste Aktivität des Morgens ihren Facebook-Account. Falls die Daten stimmen, könnte man hier schon Sucht-Tendenzen unterstellen. ... Soziale Netzwerke haben für Frauen außerdem den unschätzbaren Wert, dass sie leicht in den Profilen ihrer Kontakte stöbern können: 62 Prozent der 14- bis 17-jährigen weiblichen Teenager in Deutschland praktizieren dies bereits oft und gern. Ein weiterer Faktor: Auch die oft unterstellte weibliche Shopping-Passion bedienen viele Social-Media-Plattformen: Die Frauen-Online-Community SheSpeaks hat jüngst herausgefunden, dass für 72 Prozent ihrer weiblichen User Facebook der Ort ist, an dem sie neue Produkte kennen lernen, diese anschließend bewerten und dann hoffentlich auch kaufen.

Schwärmen Sie!

> *Frauen und Social Media sind das neue „Traumpaar" – daran besteht kein Zweifel. Klar ist: Wenn sich diese „enge Beziehung" zwischen Frauenwelt und Social-Media-Plattformen weiter entwickelt, wird es bald heißen: Das Internet ist weiblich.*
>
> (http://kress.de/mail/alle/detail/beitrag/105592-goldmedia-gastkolumne-von-jana-lipovski-frauen-und-social-media-sind-das-neue-traumpaar.html)

Schwärme funktionieren. Die Frage ist, wie wir als mittelständische Unternehmen solche Schwärme beeinflussen können, um Sympathie, Vertrauen, Marke aufzubauen, neue Kunden zu gewinnen, bestehende Kunden zu begeistern. Zunächst einmal ist dazu zu sagen, dass wir in unserer hektischen Zeit oft versäumen, in den realen, nicht digitalen Schwärmen präsent zu sein. Das sind Vereine, Unternehmensverbände, Charity-Gemeinschaften, Interessengemeinschaften, Ortsverbände etc. Wie können Sie dort mit interessanten Projekten positive Viren setzen, die sich von selbst verbreiten und die sich in die digitale Welt fortsetzen? Wie können Sie in die digitale Welt einen Virus einspeisen, der sich verbreitet und Ihnen Kunden bringt? Das sind die wichtigen Fragen, die Sie sich stellen sollten.

4.2 Anders werben als die anderen

Damit die Menschen über Sie ins Schwärmen kommen, sollten Sie zunächst eines tun: querdenken und alte Bahnen verlassen. Tun Sie Neues, um Neues zu bekommen. Denn:

„Wer heute nur immer das tut, was er gestern schon getan hat, der bleibt auch morgen, was er heute schon ist."

Nils Goltermann

Der bodenständige bayerische Bräu Leonhard Salleck kämpfte zwölf Jahre lang gegen die Behörden, um sich einen Lebenstraum zu erfüllen. Er baute in Abensberg eines der letzten Projekte von Friedensreich Hundertwasser, einen Turm, den Hundertwasserturm. „Am Anfang stand die Idee, den Weißbierausstoß der Brauerei weiter zu steigern." Das schreibt Salleck in seinem Buch „Der Kuchlbauer und sein Turm". Das Projekt wurde aber weit mehr. Entstanden ist ein strahlender Werbe-Leuchtturm, der nicht nur Kunden zum Kuchlbauer, sondern in die gesamte Region lockt.

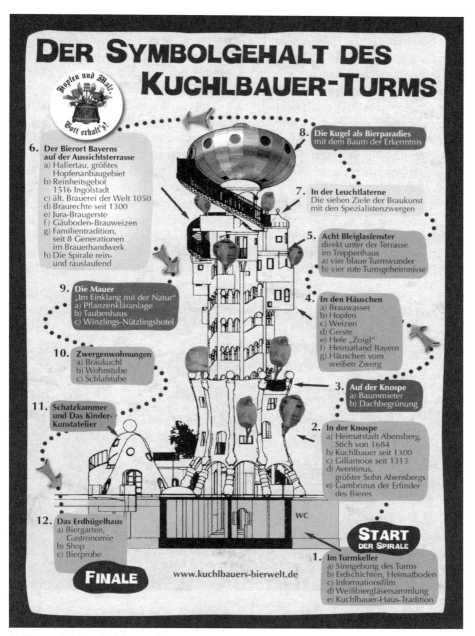

Abbildung 15: Der Kuchlbauer-Turm
Quelle: Brauerei zum Kuchlbauer GmbH & Co.KG Abensberg

Das Highlight bei einer Nacht der Sinne, die Einzelhändler gemeinsam in der Innenstadt von Neumarkt veranstalteten, war die Show-kolade der Konditorei Wittl. Im hauseigenen Cafe fand eine Schoko-Modenschau statt. Laienmodels führten mit Musikuntermalung und in einer ansprechenden Choreographie Accessoires aus Schokolade professionell vor. Thematisch geordnet nach Städten sah man ein Wiener Salonorchester mit Instrumenten aus Schokolade, venezianische Schoko-Karnevalsmasken, Pariser Mode mit Hüten, Täschchen, Dessous – alles aus Schokolade. Laut Aussage das Chefs, Herrn Wittl, gibt es so etwas kaum in Deutschland, schon gar nicht in dieser Ausprägung. Da müsste man schon nach Frankreich, um eventuell Ähnliches erleben zu können. Dementsprechend war das Café an diesem Abend ausgebucht. Es gab drei Vorstellungen, in der mit jeweils ca. 100 Personen das Café voll besetzt war. Im Vorfeld gab es über 1 000 Anfragen, von denen die meisten abgelehnt werden mussten. An Presse und lokalen Fernsehsendern war alles da. Ein entsprechend großes Presseecho war die Folge. Sicher, so ein Event macht richtig viel Arbeit, der Lohn aber ist Werbung vom Feinsten.

Abbildung 16: Show-kolade – eine Schoko-Modenschau
Quelle: Konditorei Wittl Neumarkt – www.konditorei-wittl.de

Ein mittelständischer Hersteller von Mixern aus den USA wurde weltweit bekannt, weil er irgendwann damit begann, alles Mögliche in seinen Mixern zu schreddern, diesen Vorgang aufzunehmen und bei YouTube zu veröffentlichen. Inzwischen gibt es einen eigenen Channel: http://www.youtube.com/user/Blendtec.

Sicher waren ihm Millionen von Menschen dankbar, als er bei der Fußball WM 2010 mehrere Vuvuzelas zu Plastikschrott verarbeitete. Zum Opfer fielen ihm auch schon das iPad und das iPhone 4. Fazit: Wenig Kosten, die Schwärme exzellent genutzt, geniale Werbung!

Genial war auch der Einfall von Michael Pixis aus Würzburg. Der 17-jährige Schüler und Nachwuchsdesigner in spe hatte in einem Film einen Künstler gesehen, der mit einer Flugzeugturbine Farbe auf eine Leinwand schleuderte. Das entstandene Motiv gefiel ihm so gut, dass er Versuche anstellte, ein ähnliches Motiv auf T-Shirts zu fabrizieren. Er schleuderte Farbe auf T-Shirts in der heimischen Badewanne. Das Ergebnis ließ sich sehen. Noch den Markennamen PIXIS dazu und schon ist eine Designlinie geboren. Wie aber die Dinger verkaufen? Das Werbebudget im Taschengeldformat reichte nicht, um eine Top-Werbeagentur zu engagieren. Allerdings reichte das Budget für einen Flug nach London. Dort angekommen legte er eine Schachtel mit zwei seiner T-Shirts vor Madonnas Haustür. Dann flog er heim und scannte wochenlang das Internet nach Bildern von Madonnas Familie. Und tatsächlich tauchten Fotos auf, auf denen Lourdes, die 13-jährige Tochter des Popstars, sein T-Shirt trägt. Seitdem brummen die Geschäfte so, dass er schon überlegt, nicht nur Unikate in der Wanne herzustellen, sondern die T-Shirts drucken zu lassen. Vielleicht hat Michael Pixis über Ed Hardy gelesen. Der US-amerikanische Tatookünstler kam irgendwann auf die Idee, seine Bildchen nicht nur in die Haut zu stechen, sondern auf Kleider zu drucken. Auch er verschenkte seine ersten Produkte an Prominente. Die Promis trugen seine Motive, und dadurch kam der Durchbruch. Er ist heute ein millionenschwerer Mode-Designer. Ob abgeschaut oder nicht, PIXIS hatte etwas, das viele nicht haben: Mut! Den Mut, etwas anders zu machen, neue Wege zu gehen. Wir jedenfalls wünschen ihm, dass dieser Mut vom Markt belohnt wird.

Grundsätzlich ist das Erfinden von genialen Werbeideen nicht jedermanns Sache. Meist können oder wollen sich kleine und mittelständische Unternehmen auch die Werbekreativen nicht leisten. Da ist das kreative Anpassen eine gute Lösung. Sehen Sie sich um, was die Großen machen, was andere erfolgreich tun und passen Sie es auf Ihr Unternehmen an. Wenn Sie ein Autohaus haben, dann sollten Sie nicht unbedingt dasselbe machen wie die Konkurrenz um die Ecke. Wenn Sie aber in München ihr Autohaus haben und im Urlaub an der Ostsee eine super Idee für ein Event bei einem Autohändler aufgabeln, dann setzen Sie sie um. Recherchieren Sie im Internet nach guten Werbeideen. Lesen Sie beispielsweise im Folgenden

den Bericht über die Harley-Kampagne. Wäre das, etwas verändert, nicht auch etwas für Ihr Autohaus, Ihren Fahrradladen, Ihren Kinderwagenshop?

- *Aufgelesen*

Harley-Davidson: It's Your Birthday, bike!

Schön, wenn jemand eine Harley gekauft hat. Aber wie bekommt man Harley-Fahrer wieder zum Händler, wie kommt man an Aufträge für Umbauten, wie schafft man es, Kleidung zu verkaufen, wie hält man eine positive Verbindung? Gerade weil der Typus des Harley-Fahrers an sich ja eigentlich keine werbeaffine Person ist, war hier eine Idee gefragt, die völlig anders agiert als die klassischen Kundenkontaktprogramme der Automotive-Industrie.

Eine Harley-Davidson ist nicht irgendein Fortbewegungsmittel. Nein, wer eine Harley-Davidson sein Eigen nennt, ist eine Beziehung eingegangen. Es bereitet erotischen Spaß, mit ihr zu fahren. Und wenn man sie in seiner Garage vor sich sieht, weiß man, dass sie eine Seele hat. Tja, und wenn man nicht mit dem Harley-Fahrer sprechen kann, dann eben mit seinem bike! Dem bike wird kurz vor seinem Geburtstag, also dem Jahrestag, an dem es den Händler verlassen hat, eine SMS gesendet und gebeten, seinen rider zum Briefkasten zu schicken. Im Briefkasten wartet eine Box an das bike. Mit der Einladung zu einer Gratis-Beauty-Kur zum Geburtstag, stilgerecht auf einem Putztuch gedruckt. Wenn der rider jetzt nicht reagiert, hilft vielleicht die Nachfasskarte! Und vor Ort wartet er dann während der Putzzeremonie – und wird befragt und zum Kauf eines Artikels oder gleich zum Auftrag für Umbauten verleitet ...

Innerhalb einer ersten Kampagne 2008 wurden 200 Harley-Kunden angegangen. 32 Prozent vereinbarten einen Termin. Dort entstanden Sofortumsätze im Bereich Textilien/Accessoires in Höhe von 4 932 Euro. Dazu kamen kleinere Verschönerungsaufträge im Wert von ca. 7 300 Euro sowie zwei Customumbauaufträge für 23 000 Euro. Und eine Menge positiver Resonanz. Die Kampagne wird nun institutionalisiert.

(direkt marketing 09/2009)

Wir wollen hier nicht zum ungehemmten Ideenklau aufrufen. Es geht darum, sich Inspiration zu holen, Ideen zu finden, die man verändern und an das eigene Geschäft anpassen kann. Es geht auch um Austausch. Warum gibt es eigentlich keine Werbeideenbörse für mittelständische Unternehmen im Internet? Wie bereits gesagt, dem Friseurstudio in Wuppertal tut es, sofern es nicht bundesweit agiert, in keinster Weise weh, wenn ein Salon in Leipzig mit einer ähnlichen Werbeidee Kunden anlockt.

Besser gut kopiert als selber schlecht erfunden.

Vor Kurzem haben wir einen interessanten Prospekt eines Lebensmitteldiscounters gesehen. Es hieß Wochenplaner. Aufgeführt waren für jeden Tag Menüs, die man aus Produkten dieses Discounters herstellen kann: Montag: Schinkennudeln mit Tomatensalat, Dienstag: Frikadellen mit Bratkartoffeln, Mittwoch: Hähnchenschenkel mit Pommes frites usw. Nun ja, das ist keine Gourmetküche. Es ist aber eine kleine Hilfe für die Hausfrau oder den Hausmann, die jeden Tag eine neue Idee für die Küche brauchen. Wo ist der Metzger, der seiner Kundschaft für den nächsten Samstag und Sonntag als Vorschau einen solchen nett gestalteten Prospekt mit leckeren Rezepten mitgibt? Der Kunde erhält dann beim nächsten Einkauf am Freitagabend alles Erforderliche bei seinem Metzger. Das würde langes Überlegen sparen und viele Wege, denn man bekommt ja alles in einem Laden. Zu aufwändig? Gut! Dann weitermachen wie bisher.

Hier noch ein schönes Beispiel für ein Mailing, das wir erhalten haben. Da bewirbt sich jemand bei uns als Mitarbeiter. Sehen Sie sich das Mailing von Kaffee Partner an (siehe Seite 72). Ist das nicht nett?

Sie sollten dies jetzt nicht eins zu eins kopieren. Wenn allerdings ein regionaler Anbieter von Rasenmähern in Bielefeld eine Postwurfsendung entwickelt, in der sich ein Rasenmäher bei der Dame des Hauses als Gärtner bewirbt, dann hätte Kaffee Partner vermutlich nichts dagegen. Hoffen wir.

Max Mustermann
Musterstraße 12
88888 Musterstadt

Bewerbung

**Guten Tag Herr Mustermann,
ich möchte mich bei Ihnen als neuer Mitarbeiter bewerben!**

Hiermit stelle ich mich kurz vor:

Ich sorge automatisch für <u>motivierte Kollegen</u> und <u>zufriedene Kunden</u>.

Ich koche <u>köstlichen Kaffee</u> frisch auf Knopfdruck.

Auch <u>Cappuccino, Kakao & Co.</u> gibt's von mir.

Jeder Vorgang wird von mir in <u>20 Sekunden</u> bearbeitet.

Alles für <u>wenige Cent pro Tasse</u>.

Und egal ob 3 oder 300 Mitarbeiter: ich bin nicht nur
morgens der erste und abends der letzte,
sondern immer auch der beliebteste Kollege!

Mit belebenden Grüßen

Kaffee Partner

Ihr Kaffee Partner

*Mehr Infos?
Bitte wenden!*

Abbildung 17: Kaffee Partner – ein gelungenes Mailing
Quelle: Kaffee Partner Wallenhorst – www.kaffee-partner.de

4.5 Wen wollen Sie verführen?

Was auch immer Sie im Bereich Werbung tun, entscheidend ist die Frage, ob Sie mit Ihrer Werbung Ihre Bezugsgruppe erreichen. Wenn Sie das Emotionshirn Ihrer Bezugsgruppe verfehlen, wird Ihre Werbung wirkungslos bleiben. Wenn Sie das Emotionshirn Ihrer Bezugsgruppe ärgern, dann kann die Werbung sogar das Gegenteil bewirken. Einer unserer Mitarbeiter feierte im April 2009 seinen 50 Geburtstag. Als wohlgemeinte Vorbereitung auf dieses wichtige Ereignis erhielt er bereits im Dezember 2008 folgendes Schreiben einer Bank:

> *Sehr geehrte(r) Herr XY,*
>
> *wir haben mit unserem Zukunft-„50plus"-Projekt bereits das vierte Jahr vollendet. Die Kernaussage dieser Projektgruppe lautet weiterhin:*
>
> *Informationsveranstaltungen mit TOP-Referenten für Kunden ab 50 Jahre*
>
> *Mit den bereits gehaltenen Vorträgen „Vorsorgevollmachten und Patientenverfügung", „Müssen Rentner Steuern zahlen", „Erben will gelernt sein" und „Altersgerechtes Wohnen im modernisierten Haus" konnten wir insgesamt über 2 800 Besuchern Rede und Antwort stehen.*
>
> *Dieser Erfolg spornt uns an, genau in dieser Richtung weiter zu machen und Ihnen jedes Jahr Informationen zu aktuellen Themen zu liefern. Getreu unserem Motto „Keine Bank ist näher!" werden wir auch weiterhin unsere Veranstaltungen bei Ihnen vor Ort abhalten und keine zentrale Veranstaltung in Neumarkt organisieren.*
>
> *Derzeit sind wir in der Planung für die neue Veranstaltungsreihe und hoffen, dass wir ab März 2009 mit den ersten Veranstaltungen rund um das Thema „Pflege" beginnen können. Hierzu werden Sie natürlich rechtzeitig informiert …*

Jetzt stellen Sie sich vor, Sie haben ein 49 Jahre junges Emotionshirn. Das bekommt nun mitgeteilt, dass es in Kürze 50plus ist und dass es sich deshalb ab jetzt für Themen wie „Rente", „Vererben", „Altersgerechtes Wohnen" zu interessieren hat. Als besonderes Bonbon wird Ihnen das Seminar „Pflege" ans Herz gelegt, denn das demente Dahindämmern ist ja nicht mehr weit. Da davon ausgegangen wird, dass Sie wahrscheinlich schon mit dem Rollator unterwegs sind, will man Sie als Alterchen nicht damit belasten, die fünf Kilometer von Ihrem Wohnort zur Stadt zurücklegen zu

Abbildung 18: Das Alter mit einem Schmunzeln wahrnehmen
Quelle: pts one GmbH, Münster

müssen. Nein, alles findet direkt an Ihrem Wohnort statt. Diese Fürsorge wird Ihnen dann auch noch kurz vor Weihnachten zuteil. Da macht sich schlagartig die Angst breit, was wohl alles unterm Weihnachtsbaum zu finden sein wird.

Viel netter ist da die Aufforderung einer anderen Bank, die uns während einer Service-WM nahe Köln über den Weg gelaufen ist, als wir die Stadt erkundeten (siehe Abbildung 18).

Das witzige Bild und das Wort „Sicherheit" wirken positiv. Im Bild wird das eigene Alter mit einem Schmunzeln zur Kenntnis genommen, und mit dem Wort „Sicherheit" wird auf das Sicherheitsprogramm gezielt, das bei älteren Menschen immer mehr an Bedeutung gewinnt. Bezugsgruppe! Fragen Sie sich, wer Ihre Bezugsgruppe ist, denn das ist ein entscheidender Punkt für Ihren Erfolg. Wenn Sie wunderbar leckere Zuckerwatte haben, die beste weltweit, diese Zuckerwatte aber Diabetikern anbieten, dann wird Ihr Erfolg begrenzt sein. Ihr Produkt, Ihre Dienstleistung passt für eine bestimmte Bezugsgruppe, für eine andere nicht. Ihre Marke, Ihre Werbung, Ihre Servolation, Ihre Serviceleistung passt für eine bestimmte Bezugsgruppe, einer anderen ist sie völlig egal. Sie selbst und Ihre Mitarbeiter passen zu einer bestimmten Bezugsgruppe, zu einer anderen weniger. Welche Menschen gehören zu Ihrer Bezugsgruppe?

Nehmen wir zum Beispiel an, wir möchten gemeinsam eine Boutique eröffnen. Wir haben wichtige Kriterien der Existenzgründung bereits geklärt und denken nun darüber nach, welche Bezugsgruppe wir ansprechen wollen. Eine erste Überlegung ist vielleicht, ob es Damenbekleidung sein soll, Herrenbekleidung oder beides. Wir entscheiden uns für Damenbekleidung. Was ist zu bedenken? Zunächst sollten wir wissen, dass sich die Geschlechter unterscheiden. Frauen sind anders, Männer auch.

4.5.1 Frauen oder Männer?

Es gilt als erwiesen, dass sich die Gehirne von Männern und Frauen unterscheiden. Auch die Hormon-Cocktails, mit denen diese Gehirne überschwemmt sind, sind unterschiedlich. Vor allem das Testosteron führt dazu, dass Männer im Guten wie im Schlechten extremer sind. Die US-amerikanische Kulturhistorikerin Camille Paglia, Professorin für Geisteswissenschaften und Medien an der Universität der Künste in Philadelphia, meint dazu, dass es keinen weiblichen Mozart gäbe, weil es auch keinen weiblichen Jack the Ripper gibt. Die kanadische Entwicklungspsychologin Susan Pinker schreibt in ihrem Buch, dass sie in ihrer Praxis fast nur Jungs behandelt hat. Die kleinen Männer seien bei Weitem häufiger verhaltensauffällig, hätten mehr Lern- und Sprachprobleme oder Auffälligkeiten wie beispielsweise Hyperaktivität. Sie neigten auch eher zu aggressiven Ausbrüchen und Gewalt. Dazu passen die Zahlen des Statistischen Bundesamtes aus dem Jahr 2009, dass von 70 800 Gefangenen in Deutschland nur 3 800 weiblich waren. Das sind 5,3 Prozent. „Ganz einfach", meinte zu diesen Zahlen im Gespräch nach unserem Vortrag eine Bürgermeisterin, die als Schirmherrin bei der Abschlussveranstaltung einer Service-WM dabei war, „die Frauen sind schlauer und lassen sich nicht so oft erwischen." Auch das könnte der Fall sein, ist aber durch keine uns bekannte Studie belegt. Sicher ist auf jeden Fall, dass zurzeit bereits diskutiert wird, ob Programme zur Förderung von Jungen aufgelegt werden sollen, weil Jungen in Schulen und Universitäten gegenüber Mädchen immer weiter zurückfallen. Mädchen entsprechen dem Zeitgeist, der eher Menschen mit sozialverträglicheren, kommunikativeren, emotional-einfühlsameren Fähigkeiten bevorzugt. Fachleute diskutieren bereits über die Jungs als neue Bildungsverlierer.

- *Aufgelesen*

Die neuen Bildungsverlierer

Lange Zeit wurden vor allem Mädchen gefördert, jetzt brauchen die Jungen Hilfe. Der Leistungsabfall von Jungen in der Schule fing schon vor 20 Jahren an. Damals wurde er nicht bemerkt, weil die Absolventen an Schulen und Hochschulen ohnehin überwiegend Jungen waren. Insbesondere auf dem Land waren die Mädchen in von Männern dominierten Umfeldern oft stark benachteiligt. Jetzt sind die Jungen die Verlierer. Schon in Kindergärten und Grundschulen sind große Geschlechtsunterschiede beim Lesen und Schreiben zu beobachten.

Jungen leiden vier Mal häufiger unter einer Lese-Rechtschreib-Schwäche als Mädchen. Auch kommt die Gestaltung des Schulunterrichts den Mädchen mehr entgegen. Das sagt auch die Grundschullehrerin Margot Ruthenkolk: „Die Mädchen bringen einfach die Eigenschaften mit, die man den Kindern in der Grundschule abverlangt, zumindest mehr als Jungen. Feinmotorisch sind sie geschickter und genauer, zum Beispiel beim Ausmalen. Man darf auch keine zu hohen Ansprüche an die Schrift stellen, das bekommen die Jungen einfach nicht so gut hin."

(http://www.3sat.de/dynamic/sitegen/bin/sitegen.php?query_string=H%FCther&days_published=365&scsrc=1)

Jungs sind also anders als Mädchen und Männer anders als Frauen. Deshalb sind sie als Bezugsgruppe auch anders anzusprechen. Vereinfacht und auf unser Thema Hirn bezogen kann man sagen, dass Männer eher vom Machtprogramm getrieben sind und Frauen eher vom Sicherheitsprogramm. Bei beiden kann man gut das Lustprogramm ansprechen. Nehmen wir zum Beispiel das Thema Uhren, dann kauft Mann die teure Uhr, um zu zeigen, dass er sich was leisten kann und weil das Spielprogramm bei ihm ausgeprägter ist als bei Frauen. Für Frauen steht beim Uhrenkauf eher das Lustprogramm im Vordergrund. Eine Luxusuhr erfüllt den gleichen Zweck wie ein Designerkleid. Ein Mann könnte auch einen Porsche als Familienauto akzeptieren, für eine Frau tickert mit der Schwangerschaft das Sicherheitsprogramm noch stärker als bisher, und da ist der Kombi mit Sicherheitspaket eher die richtige Wahl.

In unserer Boutique für Frauen richten wir die Werbung auf Lust am Shoppen und den schönen Dingen des Lebens aus. Sicherheit tritt etwas untypisch für die Bezugsgruppe Frauen in den Hintergrund. Dafür spielt Macht in Form von Statussymbolen eine wichtigere Rolle als sonst grundsätzlich bei Frauen üblich.

4.5.2 Hochpreisig oder niedrigpreisig?

Sicher haben Sie bereits zwischen den Zeilen und in den Zeilen gelesen, dass wir die Zukunft vieler mittelständischer Unternehmen eher bei hochpreisigen Qualitätsprodukten sehen. Hochpreisig muss aber nicht unbezahlbar heißen. Hochpreisig heißt für uns: für die Mittelschicht erschwinglich. Sie wissen ja: Bezugsgruppe. Menschen wollen dort kaufen, wo „ihre" Gruppe einkauft, der sie sich zugehörig fühlen. Die erfolgreiche Architektin und Vorsitzende der Rotarier werden Sie selten im billigsten Textildiscounter antreffen. Die alleinerziehende Hartz IV-Empfängerin ebenso selten in einer Edelboutique. Dies ist keine Wertung. Es ist einfach so. Wenn Sie Menschen mit hohem Haushaltseinkommen als Bezugsgruppe haben, sollten Sie deshalb keine Niedrigpreis-Textildiscounter-Werbung machen, und Menschen mit geringem Haushaltseinkommen verführen Sie wohl nur selten zum Kauf von hochpreisigen Designerklamotten. Schwarmzugehörige finden sich, kennen sich, kommunizieren miteinander, treffen sich an bestimmten Orten, kaufen in bestimmten Geschäften. Das Leben ist so und die Menschen auch. Sollte man nur wissen. Nur wenige Unternehmen, wie zum Beispiel Aldi oder H&M, bilden dabei eine Ausnahme.

Kommen wir wieder zu unserer Boutique zurück. Wir entscheiden uns für eine Bezugsgruppe, die über ein eher überdurchschnittliches Haushaltseinkommen verfügt und sich Kleidung im gehobenen Segment leisten kann. Dazu suchen wir Marken, die es in unserer Stadt noch nicht oder sehr selten gibt, um diese exklusiv anbieten zu können. Diese Marken sollten aber nicht zu den absoluten Luxusmarken zählen, also auch für den Mittelstand noch erschwinglich sein. Unsere Werbeauftritte und unseren Laden gestalten wir entsprechend.

4.5.3 Jung oder Alt?

Bei älteren Menschen beginnt das Sicherheitsprogramm verstärkt zu wirken. Der Testosteronspiegel bei Männern sinkt, sie werden sanfter. Junge Menschen sind generell experimentierfreudiger, und daher sind Lust- und Machtmotive je nach Geschlecht ausgeprägter. Der gesellschaftliche Trend mit immer mehr Best Agern hat allerdings auch dazu geführt, dass das Lustprogramm weit länger als in früheren Generationen eine entscheidende Rolle spielt.

Mit unserer Boutique werden wir uns an Frauen im mittleren Alter orientieren. Die Ware sollte aber auch bei jüngeren Frauen ab ca. 18 Jahren begehrt sein. Diese kommen aber mit der Mama oder dem Papa, weil es das Taschengeldbudget oder den Rahmen des noch recht mageren Einkommens sprengt, um Marken wie Marc Cain, Nice Connection, Lisa Campione, Wellensteyn oder Sportalm zu kaufen.

Zur Eröffnung gibt es eine Modenschau, die wir gemeinsam mit der örtlichen Tanzsportabteilung organisieren. Die Modenschau wird ein Mix aus Modepräsentation und kurzen Tanzeinlagen. Außerdem haben wir einen Kontakt zum Konditor mit den Schoko-Accessoires aufgenommen. So haben wir nicht die übliche Modenschau, sondern präsentieren unsere Mode mit kurzen Tanzeinlagen und Schoko-Accessoires. Wir haben den Konditor engagiert, der ausgewählte Pralines verteilt, deren Verpackung unser Logo trägt.

Die Boutique ist zwar nicht sehr groß, trotzdem findet der Event im Laden statt. Denn alle Outfits, die gezeigt werden, sind im Anschluss gleich zu kaufen. Eingeladen werden mit persönlicher, hochwertiger Einladungskarte nur ausgewählte Personen. Damit schließen wir aus, dass der Laden von Freibiergesichtern und Glücksradjunkies überrannt wird. Es zählt die Qualität des Publikums, nicht die Quantität. Dem regionalen Fernsehen geben wir einen kleinen Auftrag für eine Werbung und handeln heraus, dass uns der Zusammenschnitt der Modenschau überlassen wird. Es gibt natürlich Häppchen und Getränke, die wir vom besten Restaurant der Gegend kredenzen lassen. Dabei vereinbaren wir, dass wir unsere Werbung im Restaurant auslegen dürfen. Die Medien sind eingeladen. Wir wählen einen Samstagvormittag, an dem viele aus unserer Bezugsgruppe sowieso beim Einkaufen in der Innenstadt sind. Für die Unternehmerfrauen der Stadt werden wir das Ganze an einem anderen Tag nach Feierabend wiederholen. Der Event wird ein voller Erfolg. Schon während der Präsentation hört man die Emotionshirne bei den Damen ticken, auf welches der Outfits nachher Jagd gemacht wird.

In den nächsten Wochen läuft im Schaufenster auf einem Flachbildschirm der Filmzusammenschnitt der Modenschau im Wechsel mit professionellen Werbefotos, die die Hersteller zur Verfügung gestellt haben.

Wir haben bewusst ein einfaches Beispiel gewählt und sind recht bodenständig geblieben. Aber selbst solche einfachen Schritte vermissen wir bei vielen Unternehmen. Da wird einfach das gemacht, was schon immer gemacht wurde. Das funktioniert aber heute nicht mehr. Deshalb sind nicht die Kunden blöd, die haben sich nur geändert. Eine Schlagzeile aus ProFirma bringt es auf den Punkt: „Die Wirtschaftsgeschichte zeigt: Wer nicht mit der Zeit geht, geht mit der Zeit …" Das gilt für kleine Unternehmen, für mittelständische und auch für Konzerne.

- *Aufgelesen*

Wer nicht mit der Zeit geht, geht mit der Zeit …

Beginnen wir mit einer kleinen Zeitreise: Es war einmal … ein schönes Wohnzimmer irgendwo in Westdeutschland. Vater kommt nach einem anstrengenden Arbeitstag bei der AEG zurück, zieht sich seine Salamander Hausschuhe an und lässt sich in das Sofa fallen. Er schaltet den SABA Fernseher an und ärgert sich wie immer über das schlechte Programm. Dann schon lieber mit dem nagelneuen Grundig Stereoapparat Musik hören. Da klingelt das Telefunken Telefon …

Wir könnten diese kleine fiktive Geschichte problemlos noch eine ganze Weile weitererzählen und dabei noch viele Namen ehemaliger Ikonen der deutschen Wirtschaft einbauen, die alle eins gemeinsam haben – ob Quelle, Hertie oder Agfa, sie alle hat die Insolvenz erwischt … Die traurige Realität: Nach Angaben der Creditreform beträgt das Durchschnittsalter deutscher Unternehmen gerade einmal 16,4 Jahre. Dass es allerdings auch anders geht, zeigen Unternehmen, die bereits über Ge-

> nerationen hinweg das Auf und Ab der Märkte erfolgreich gemeistert haben."
> (http://www.haufe.de/SID141.L3N30kxHBBc/profirma/topIssueDetails?objectIds= 1277204649.81&b_start:int=0&view=themeName)

Eine Voraussetzung dafür, nicht gehen zu müssen, schaffen Sie, wenn Sie Ihre Bezugsgruppe definieren und Ihr Handeln danach ausrichten. Das Raster Frau – Mann, hochpreisig – niedrigpreisig, jung – alt ist zwar immer noch etwas grob, kann aber gut als Richtschnur dienen.

Besser grob die Richtung zum Futter eingeschlagen, als fein differenziert auf der Stelle verhungert.

Wenn es uns gelingt, unser Unternehmen an den Emotionshirnen unserer Bezugsgruppe auszurichten, dann haben wir gewonnen. Emotionshirne sind nämlich soziale und weniger individuelle Organe. Haben Sie genügend Emotionshirne in einem Schwarm infiziert, dann kommunizieren die Emotionshirne im Schwarm wie von selbst Ihre Botschaften.

„Also, die neue Boutique, ich selbst war ja noch nicht drin, aber Frau Schnell soll schon dort gewesen sein." „Die Architektin, hm, wirklich?" „Ich persönlich war ja bei der Modenschau, Ihr hattet wohl keine Einladung?" „Ich habe keine Zeit gehabt, irgendwer muss ja noch arbeiten am Samstagvormittag in dieser Republik, oder? „Hanne hat mir eine SMS geschrieben, dass es für Unternehmerinnen noch einmal einen Abend gibt und die, die schon Kunden sind, können jemanden einladen." „So, bist du schon Kundin?"

4.6 Mit Reklamationen Kunden begeistern

Ein Thema wollen wir noch aufgreifen, das mittelständischen Unternehmen eine exzellente Chance für Werbung bietet. Das Thema heißt Reklamation.

> ● *Aus der Praxis*
>
> *Nachdem wir unser neues Auto gekauft hatten, fuhr ich nach Hause, um es stolz meiner Frau zu zeigen. Wir beschlossen spontan, einen kurzen Besuch bei einem Freund zu machen, um die Neuerwerbung bestaunen zu lassen. Meine Frau schminkte sich, wir gingen zum Auto. Meine Frau nahm auf dem Beifahrersitz Platz. Frage: Welche Handbewegung macht eine frisch geschminkte Frau, kurz nachdem sie auf dem Beifahrersitz Platz genommen hat? Genau! Leider ließ sich aber der*

Spiegel auf der Rückseite der Sonnenblende trotz größter Mühe nicht öffnen. Kommentar: „Sch... Auto". Dabei waren wir noch keinen Meter gefahren und Sie hatte noch nicht einmal den Motor gesehen.

Nach 14 Tagen kam ein Anruf des Autohauses, ob ich mit dem Auto zufrieden sei. Ich bejahte grundsätzlich, erzählte aber dann die Geschichte mit dem Spiegel. Der Servicemitarbeiter reagierte sofort. Er hatte am Display gesehen, dass ich im Büro vor Ort war und fragte, ob ich eine Viertelstunde Zeit hätte. Ich bejahte und wir machten einen Termin. Ich fuhr zum Autohaus, bekam eine Tasse Cappuccino in der kurzen Wartezeit und konnte dann gleich wieder ins Büro fahren. Zu Hause führte ich den neuen Spiegel gleich meiner Frau vor.

Nach ein paar weiteren Tagen kam meine Frau auf mich zu und lobte noch einmal ausdrücklich mein Autohaus. Warum? Sie hatte ein Entschuldigungsschreiben wegen der Unannehmlichkeiten erhalten, die man ihr verursacht hat. Beigelegt war ein kleiner, netter Taschenspiegel als Nothilfe für ähnliche Situationen. Klein, fein, sympathisch.

Aus diesem Praxisbeispiel lassen sich zwei wichtige Verhaltensweisen für weltmeisterliche Reklamationsbearbeitung ableiten.

1. Kontakt mit dem Kunden aufnehmen, um überhaupt zu erfahren, ob es eine Reklamation gibt.
2. Wenn es eine Reklamation gibt, diese schnell, zuverlässig und exzellent bearbeiten.

Fast alle Unternehmen können beim Kunden anrufen: der Friseur, ob die Kundin mit der neuen Frisur glücklich ist, der Möbelhändler, wie sich der neue Bürostuhl anfühlt, der Computerladen, ob noch alles gut läuft.

Wenn wir in unseren Vorträgen über Reklamation sprechen, hören wir oft: „Wir wollen keine schlafenden Hunde wecken." Die Kampfhunde, die bei Ihnen nur reklamieren wollen, um noch etwas herauszuholen, die rufen von selbst an. Viele Kunden rufen aber nicht an, um sich zu beschweren, sie tun aber trotzdem eines: weitererzählen. Ihr Emotionshirn drängt sie dazu, weil es sich geärgert hat. Untersuchungen gehen davon aus, dass Kunden ihre Unzufriedenheit zehn bis 17 anderen Personen erzählen. Wir haben vom Schwarm, von den sozialen Netzwerken gesprochen. Da kann negative Mundpropaganda regelrecht explodieren. Das ist dann wie bei dem Bohrloch im Golf von Mexiko. Das Öl verseucht das Meer, Stunde für Stunde, Tag für Tag, solange es sprudelt. Genauso verseucht negative

Mundpropaganda den Markt. Nur eine hervorragende Reklamationsbearbeitung kann wie ein Pfropfen die Umsatzvernichtungsquelle schließen.

Nehmen wir an, jemand hat in einem Gasthaus seinen runden Geburtstag gefeiert und das Essen war lauwarm, die Bedienungen unfreundlich und der falsche Wein wurde eingekauft. Gespräch da, Gespräch dort, SMS, Facebook, Vereinsversammlung: „Du, zum Dorfwirt brauchst du nicht gehen, wenn du deinen Geburtstag feierst. Kannst du total vergessen." Leider haben Geburtstagkinder meist Freunde im ähnlichen Alter, bei denen auch ein runder Geburtstag in Kürze ansteht. Werden die beim Dorfwirt feiern? Wohl nicht! Allein durch die negative Mundpropaganda wurde richtig Umsatz zerschossen. Nehmen wir an, der Dorfwirt hat zwar mitbekommen, dass nicht alles so in Ordnung war, das Ausmaß des Ärgers ist ihm aber nicht bewusst. Sein Emotionshirn zieht lieber den Kopf ein, so eine Beschwerde macht nicht wirklich Spaß. Wenn er nachgefragt hätte, dann hätte er den Ärger richtig mitbekommen. Dann hätte er hoffentlich auch reagiert. Vielleicht hätte er das Geburtstagskind mit Familie zu einem Wiedergutmachungsessen eingeladen und Getränke-Gutscheine für die engsten Freunde verteilt. Irgend so etwas. Die Chance wäre groß gewesen, zumindest die Umsatzvernichtungsquelle trocken zu legen. Allein schon, wenn der Kunde sein negatives Erlebnis nicht weitererzählt, ist bereits viel gewonnen.

Eine Reklamation ist darüber hinaus immer eine Chance, einen begeisterten Kunden zu gewinnen. Es ist nämlich wesentlich einfacher, aus einem unzufriedenen Kunden einen begeisterten Kunden zu machen als aus einem zufriedenen.

Bei einem Gespräch während einer Service-WM erzählte uns der Inhaber eines Fachgeschäfts für Elektronikartikel, dass er einem Kunden einen hochwertigen, sehr teuren Marken-Kühlschrank geliefert hatte. Nach zwei Tagen rief der Kunde an, weil der Kühlschrank kaputt war. Er beschwerte sich bitterlich, weil er doch extra ein teures Markenprodukt gekauft hatte, und jetzt so etwas. Der Inhaber konnte sich nicht erinnern, dass ihm das mit dieser Marke schon jemals passiert wäre und tauschte in kürzester Zeit das Gerät aus. Wie der Teufel will, lief das neue Gerät wieder nur acht Tage. Das ist ein Ereignis, das laut dem Inhaber so unwahrscheinlich ist wie der Fall, dass Weihnachten auf Ostern fällt. Dem Kunden war das aber völlig egal, für ihn war Weihnachten auf Ostern gefallen. Sein Emotionshirn ging vor Wut durch die Schädeldecke. Schließlich wurde das dritte Gerät geliefert. Kurz darauf rief der Kunde im Geschäft an, bedankte sich und war begeistert. Was war passiert? Als der Kunde den Kühlschrank öffnete, war der gefüllt mit lauter Leckereien. Auch das erzählt der Kunde weiter: „... und ich sag dir, der fällt wieder aus. Ich habe gedacht, ich werd verrückt. Bis dahin hatte ich super Erfahrungen mit dem Geschäft gemacht. Dann liefern die das zweite Austauschgerät, ich mache die Kühlschranktür auf und mich haut es fast von den Socken ... Also da kann man kaufen. Wenn wirklich was passiert, stehen die sofort auf der Matte und die lassen sich was einfallen. Das war wirklich ein klasse Trostpflaster." Aus einem verärgerten Emotionshirn wurde ein begeistertes, das seine Begeisterung mit anderen teilen will.

Ein Beispiel, wie man durch mangelnde Reklamationsbearbeitung einen Imageschaden hervorruft, hat im Hitzesommer 2010 die Bahn gegeben. In überhitzten ICEs mit ausgefallenen Klimaanlagen mussten Passagiere ausharren, bis der Zug endlich in einem Bahnhof anhielt. Einige der Fahrgäste brauchten ärztliche Behandlung. Für die Medien im Sommerloch war das natürlich ein gefundenes Fressen. Es wurde in epischer Breite darüber berichtet. Was tat die Bahn? Sie versuchte erst einmal, das Ganze herunterzuspielen, den Kopf einzuziehen und hoffte, dass sich das alles irgendwie wieder von selbst beruhigen würde. Die Medien ließen aber nicht locker, sie brannten im Gegenteil darauf, alle Details ans Licht der Öffentlichkeit zu bringen. Durch die Medienpräsenz gezwungen und nach Druck auch von der Politik, rang sich die Bahn endlich zu einer Entschädigung durch. 500 Euro für jeden, der ärztlich behandelt werden musste, plus 150 Prozent des Fahrpreises als freiwillige Entschädigungsleistung in Form eines Reisegutscheins. 50 Prozent des Fahrpreises als Reisegutschein erhielten alle Fahrgäste, die durch den Ausfall der Klimaanlagen Unannehmlichkeiten hinnehmen mussten. Rüdiger Grube, Chef der Deutschen Bahn, sagte in einem Interview: „Wir haben eine schnelle und unbürokratische Wiedergutmachung angekündigt, mit den jetzt beschlossenen Maßnahmen halten wir Wort. Leider können wir damit die Vorfälle nicht rückgängig machen, setzen aber alles daran, dies künftig zu verhindern."

Der Fehler begann unseres Erachtens schon im Vorfeld. Es gibt anscheinend für die Mitarbeiter keine Vorgaben, keinen Plan, wie auf diese Situation zu reagieren ist. Es kann sein, dass so etwas nicht vorhersehbar ist. Dann müssten die Zugbegleiter aber darauf trainiert sein, in außergewöhnlichen Situationen auch mit außergewöhnlichen Maßnahmen selbstverantwortlich zum Wohle der Fahrgäste zu reagieren. Natürlich kann auch bei trainierten Mitarbeitern dann menschliches Versagen oder die falsche Einschätzung der Lage hinzukommen. Es ist niemand dagegen gefeit, dass die falschen Leute zur falschen Zeit vor Ort sind. Wenn aber dann das Kind in den Brunnen gefallen ist, sollte man nicht den Deckel drauf pressen, damit es niemand schreien hört. Hätte die Bahn sofort reagiert, sich umgehend entschuldigt und die Entschädigung sofort bezahlt, die sie jetzt sowieso zahlen muss, dann wäre der Imageschaden bei weitem nicht so groß gewesen. Die Medien hätten vielleicht sogar lobend von der Bahn berichtet, die sich zu ihren Fehlern bekennt und dafür auch gerade steht.

Bauen Sie in Ihrem Unternehmen ein Reklamationsmanagement auf. Besprechen Sie mit Ihren Mitarbeitern, wie in Ihrem Unternehmen mit Reklamationen umzugehen ist. Entwickeln Sie eine Strategie, wie Sie in Ihrem Unternehmen mit Ihren Mitarbeitern Reklamationskunden zu begeisterten Kunden machen können, die Ihr Unternehmen weiterempfehlen. So werben Sie um Ihre Kunden im besten Sinne des Wortes.

4.7 Die Servicetrommel rühren

Werben Sie um Ihre Kunden wie der Auerhahn im Balztanz oder der Pfau, der ein Rad schlägt, oder auch wie ein röhrender Hirsch. Werben Sie aber richtig! Wenn Sie als Auerhahn ein Wildschwein bebalzen oder als Hirsch eine Feldmaus anröhren, wird das selten zum gewünschten Ziel führen.

Abbildung 19: Werbung für ein Hör-Café
Quelle: Service Journal Traunsteiner Tagblatt Service-WM 2010

Denken Sie auch daran zu zeigen, was Sie schon haben! Viele kleine und mittelständische Unternehmen haben bereits guten Service. Sie sprechen meist nur nicht darüber und finden das selbstverständlich. Machen Sie es anders. Schlagen Sie laut Ihre Servicetrommel! Sammeln Sie das, was Sie als Service bieten, und bewerben Sie es. Ein gelungenes Beispiel zeigt die Werbeanzeige im Service Journal einer unserer Service-Weltmeisterschaften (siehe Abbildung 19).

Es geschieht viel zu selten, dass Unternehmen ihre Serviceleistungen herausstellen. Viele Unternehmen haben wunderbare Serviceideen, mit denen sie ihre Kunden betören könnten. Sie verstecken sich aber lieber, als damit zu balzen, ein Pfauenrad zu schlagen oder zu röhren.

5 Wie Service-Weltmeister kommunizieren

5.1 Placebos und Nocebos

Wissen Sie, was ein Nocebo ist? Ehrlich gesagt, wir haben es bis vor einigen Wochen auch nicht gewusst. Ein Nocebo ist das Gegenstück zu einem Placebo. Das Placebo führt zu einer Besserung der Symptome, weil vom Patienten eine Heilung erwartet wird. Das Nocebo bewirkt das Gegenteil.

● *Aufgelesen*

Placebos wirken im Gehirn wie Arznei
Scheinmedikamente aktivieren Cingulum

Scheinmedikamente aktivieren dieselbe Gehirnregion wie echte Arzneien, weiß der Tübinger Psychologe Paul Enck, das Cingulum Anterior Cingulum. Diejenigen Probanden, die auf Placebos ansprechen, „zeigen eine Schmerzhemmung, die ungefähr so stark ist wie unter einem Opiat". Auch einige Parkinsonpatienten sprechen auf die Behandlung an.

Placebos regen im Gehirn die Ausschüttung von körpereigenen Schmerzmitteln an. „Das widerspricht der weit verbreiteten Annahme, dass der Placebo-Effekt rein psychologisch sei", schreibt Jon-Kar Zubieta von der Universität Michigan in Ann Arbor. Das Team um Zubieta untersuchte zwei Gruppen gesunder Versuchspersonen, denen Schmerzen zugefügt wurden. Sieben Menschen erwarteten ein wirksames Schmerzmittel, bekamen aber tatsächlich nur ein Scheinmedikament gespritzt. Sieben weitere Menschen blieben unmedikamentiert. Per Handzeichen übermittelten sie, wie stark sie die Schmerzen spürten, während sie in der Röhre des Positronen-Emissions-Tomographen (PET) lagen. Die PET-Untersuchung machte den Hirnstoffwechsel sichtbar. Die Versuchspersonen der Placebo-Gruppe empfanden weniger Schmerzen als Menschen der Vergleichsgruppe. ...

> *Selbst eine Scheinoperation kann Patienten helfen*
>
> *Das gilt auch für Patienten bei der Chirugie, meint der US-amerikanische Orthopäde Bruce Moseley: In einer Studie operierte er die Hälfte seiner Patienten mit Knieproblemen nach allen Regeln der Kunst. Zerstörter Knorpel wurde abgetragen, die Oberfläche sorgfältig mit einer Fräse geglättet, das Gelenk gespült. Die andere Hälfte der Patienten bekam nur zwei kleine Schnitte am Knie. Auf einem Monitor sahen sie die Bilder aus einer echten Operation. Sie waren der festen Überzeugung, dass sie wirklich operiert würden. Zwischen der echten und der Scheinoperation gab es keinen Unterschied beim Heilungserfolg, auch zwei Jahre später nicht.*
>
> (http://www.3sat.de/page/?source=/nano/bstuecke/65381/index.html)

Das ist doch interessant, oder? Ein Zuckertablettchen mit der richtigen Story drum herum für unser Gehirn führt zu Körperreaktionen, die wiederum Heilerfolge hervorrufen. Durch die Placebo-Inszenierung werden anscheinend Selbstheilungskräfte auf der psychischen und der körperlichen Ebene aktiviert. Wie gesagt, umgekehrt genauso. So wurde in der Framingham-Herz-Studie nachgewiesen, dass sich bei Frauen die Anfälligkeit für Herzkrankheiten um das Vierfache erhöhte, nur weil sie selbst meinten, für Herzkrankheiten anfällig zu sein. In einer anderen Studie sagte man Patienten, dass bei ihnen eine Chemotherapie durchgeführt würde, obwohl dies nicht der Fall war. Nach kurzer Zeit fielen ihnen die Haare aus, weil sie das bei einer Chemotherapie erwarteten.

Placebos und Nocebos wirken, wenn sie richtig inszeniert und wenn sie entsprechend kommuniziert werden. Sie wirken nicht, wenn die Patienten wissen, dass es Placebos oder Nocebos sind. Das sollte sich ändern! Zumindest für die Placebos. Warum erhebt man Placebos nicht zu einer Heilmethode, die intensiv erforscht wird und darauf zielt, die Selbstheilungskräfte im Körper des Menschen zu aktivieren?

In der Medizin können wir das leider nicht beeinflussen, für den Bereich der Service-Weltmeister können wir aber feststellen: Service-Weltmeister nutzen Hirn-Placebos und meiden Hirn-Nocebos.

Hirn-Placebos beeinflussen das Emotionshirn positiv. Hirn-Nocebos dagegen beeinflussen das Emotionshirn negativ.

Hirn-Placebos bedeutet Kommunikation, die das Emotionshirn positiv stimmt. Hirn-Nocebos bedeutet Kommunikation, die das Emotionshirn negativ beeinflusst.

Füttern wir uns selbst mit Hirn-Placebos oder Hirn-Nocebos? Geben wir unseren Kunden Hirn-Placebos oder Hirn-Nocebos? Welche Erwartungsbilder löse ich mit meiner Kommunikation beim Kunden aus, welche bei mir selbst?

Wenn Sie am Morgen aufstehen und Ihrem Hirn sagen: „Heute habe ich wieder lauter blöde Kunden", dann werden Sie mit hoher Wahrscheinlichkeit lauter blöde Kunden haben. Das ist ein Hirn-Nocebo. Ihr Gehirn setzt nämlich die „Such-blöde-Kunden-Brille" auf. Wenn Sie dann ein Kunde anlächelt, kann es sein, dass Ihr Emotionshirn denkt: „Was grinst der so blöd?" Es ist eine Frage der Einstellung. Werfen Sie doch einfach am Morgen Hirn-Placebos ein: „Heute wird ein schöner Tag!" Manche nennen das auch positives Denken. Genau das ist es.

Unsere Gedanken drängen danach, in Handlung umgesetzt zu werden. Als wir dieses Buch geschrieben haben, fand die Fußball-Weltmeisterschaft in Südafrika statt. Sicher waren wieder viele Zuschauer vor dem Fernseher zu beobachten, deren Schussbein nach vorne zuckte, als der eigene Stürmer zum Torschuss abzog. Wenn Sie als Beifahrer mit Ihrem Nachwuchs unterwegs sind, der tags zuvor den Führerschein gemacht hat, kann es schon sein, dass Sie in einigen Situationen das Bodenblech bearbeiten, obwohl an dieser Stelle keine Bremse eingebaut ist. Das ist der so genannte Carpenter-Effekt, die Tendenz, eine Bewegung auszuführen, die das Gehirn für eine bestimmte Situation bereithält. Gedanken haben den Drang, wahr zu werden, positive genauso wie negative. Placebo-Gedanken oder Nocebo-Gedanken? Um nicht falsch verstanden zu werden, wir sind keineswegs Anhänger einer „Du-schaffst-alles-Heilsbotschaft". Nein, Sie werden auch mit größtem Trainingseifer den New-York-Marathon nicht gewinnen, weil da immer ein Afrikaner mitläuft, der einfach schneller ist. Da hilft es auch nichts, jeden Morgen das Hirn-Placebo einzuwerfen: „Ich laufe schneller als der schnellste Marathonläufer!" Natürlich ist mit positivem Denken nicht alles möglich. Es ist aber viel mehr möglich, als uns bisher bewusst ist. Wir können unser Gehirn als Instrument einsetzen, das unser Leben glücklicher macht. Dieser Erkenntnisbereich steht erst am Anfang. Wir nutzen leider meist nicht einmal die wenigen Werkzeuge, die uns bereits jetzt dafür zur Verfügung stehen. Stellen Sie sich deshalb positiv ein. Füttern Sie Ihr Gehirn mit positiven Sätzen, mit positiven Ereignissen. Tun Sie das vor allem auch mit den Gehirnen Ihrer Mitarbeiter und Kunden.

Hirn-Placebos können allerdings dann nicht mehr greifen, wenn bereits Burn-out und Depression zugeschlagen haben. Beide werden schon bald die Volkskrankheit Nr. 1 in Deutschland und anderen westlichen Ländern sein. In diesen Fällen gibt es irgendwo im Emotionshirn ein schwarzes Loch, das alle hellen Gedanken aufsaugt. Sie können noch so viel Positives ins Hirn schütten, es verschwindet einfach in diesem unersättlichen schwarzen Loch. Dann ist es Zeit, professionelle Hilfe zu suchen. Das tun die Betroffenen aber meist sehr spät. In unserer Gesellschaft läuft man zwar zum Arzt, wenn der Zahn sich meldet oder das Knie anschwillt. Wenn die Seele Hilfe schreit, wird dies mit einem großen Energieaufwand so gut wie möglich vertuscht. Meist bis kurz vor oder bis zum Zusammenbruch.

Wenn wir aber seelisch im Gleichgewicht sind, kann uns positives Training genauso viel nutzen wie das Fitness-Studio für unser körperliches Wohlbefinden. Richten Sie sich deshalb ein Fitness-Studio für positives Denken ein und trainieren Sie täglich!

- Suchen Sie sich ein positives Lebensmotto, das Sie immer wieder aufrufen. Das kann sich im Laufe des Lebens natürlich ändern.

  Beispiele: Ich genieße jeden Tag. Wenn ich hinfalle, schaue ich mich um, was es zu entdecken gibt und stehe dann wieder auf. Ich gebe jedem Tag die Chance, mein bester zu werden.

- Legen Sie sich jeden Tag ein positives Tagesmotto zurecht.

  Beispiele: Heute ist der erste Tag vom Rest meines Lebens, ich genieße ihn. Heute werde ich mindestens fünf Menschen loben. Heute wird ein guter Tag. Heute werde ich – wo auch immer – fünf Minuten die Natur genießen.

- Wenn Ihnen Positives begegnet, dann saugen Sie dieses Erlebnis auf.

  Beispiele: Sie haben trotz Überfüllung noch einen Parkplatz gefunden – freuen Sie sich, Sie sind ein Glückskind. Jemand hat Sie angelächelt – schließen Sie kurz die Augen und spüren Sie diesem Lächeln nach. Sie haben eine Arbeit abgeschlossen – loben Sie sich selbst dafür und feiern Sie es bei einem Gläschen Wein.

- Wenn Ihnen etwas Negatives widerfährt, suchen Sie das Positive daran.

  Beispiele: Ihnen wäre fast ein unachtsamer Autofahrer in die Seite gefahren – freuen Sie sich, dass Sie unversehrt geblieben sind. Sie müssen beim Arzt warten – nehmen Sie die Lektüre mit, die Sie schon immer lesen wollten. Sie sehen Katastrophenmeldungen in den Nachrichten –

machen Sie sich bewusst, dass Sie trinken können, wenn Sie Durst haben, und essen können, wenn Sie Hunger haben.

- Ihre ersten Gedanke beim Aufwachen sollten sich damit beschäftigen, was Sie heute Positives erleben werden.

    Beispiele: Heute werde ich einen kleinen Spaziergang machen. Heute werde ich mit meinem Partner Zeit haben, einen Espresso zu trinken. Heute werde ich auf der Fahrt zum Kunden die neue CD hören. Heute werde ich dem siebten Stammkunden, der das Geschäft betritt, ein kleines Präsent überreichen.

- Ihre letzten Gedanken beim Einschlafen sollten sich auf die positiven Erlebnisse, die Sie an diesem Tag erlebt haben, beziehen.

    Beispiel: Heute war das Frühstück besonders lecker. Die Werkstatt hat gesagt, dass wegen des TÜV alles o.k. ist. Den Kunden Nörgler habe ich endlich angerufen und die Reklamation geklärt. Horst hat mich zu einem Grillabend eingeladen. Am Abend habe ich mit der Familie noch einen kleinen Spaziergang gemacht.

Das sollen nur ein paar kleine Anregungen sein. Suchen Sie sich selbst Übungen, die Ihnen entsprechen. Literatur dazu finden Sie regalweise in jeder Buchhandlung.

Glauben Sie nicht alles unkritisch, aber seien Sie offen fürs Experimentieren. Werden Sie aktiv, denn genauso wie das Körpergewicht zunimmt, wenn Sie nichts tun, wird das Hirn trübe, wenn es nichts zu lachen hat, und dann verkauft es hirnlos. Füttern Sie Ihr Hirn mit Hirn-Placebos. So können Sie Vertrauen und das Versprechen ausstrahlen, dass Sie anderen Emotionshirnen Spaß verschaffen und sie zu Siegern machen.

Manche Menschen, die im Kundenkontakt stehen, haben eine Hirn-Placebo-Kur dringend nötig. Sie tragen ein Kunden-Abwehrgesicht mit sich herum. Aber wie sollen sie auch fröhlich ins Leben schauen, wenn sie ihr Emotionshirn ständig mit Hirn-Nocebos füttern. Füttern Sie Ihr Hirn mit Placebos und werfen Sie Hirn-Nocebos in den Müll.

5.2 Der Chamäleon-Effekt

5.2.1 Sich dem anderen anpassen

Neben einem noceboverseuchten Emotionshirn sind oftmals überkommene Glaubenssätze in unserem Gehirn ein weiterer Grund, der positive Kundenkommunikation verhindert. Einer dieser Glaubenssätze lautet zum Beispiel, dass wir mit anderen nur so umgehen müssen, wie wir uns wünschen, dass andere mit uns umgehen. Das ist falsch. Richtig ist vielmehr, dass wir mit dem anderen so umgehen sollten, wie der andere es sich wünscht.

Gehen Sie mit Ihrem Kunden so um, wie er es sich wünscht.

Das nennen wir in der Sprache der Service-Weltmeister den Chamäleon-Effekt. Das Chamäleon passt die Farbe seiner Haut der Umgebung an. Beim Chamäleon-Effekt der Service-Weltmeister geht es darum, sich dem Persönlichkeitstypus des Gesprächspartners anzupassen. Das ist die Basis für positive Kommunikation. Bevor ich meine Kommunikation aber dem Persönlichkeitstypus des anderen anpassen kann, muss ich den Persönlichkeitstypus des anderen kennen. Dazu brauchen wir ein Werkzeug, das es erlaubt, den Typus des Gesprächspartners schnell einzuschätzen und sein eigenes Kommunikationsverhalten dann ebenso schnell entsprechend anzugleichen.

5.2.2 Die Persönlichkeitstypen

Für ein solches Werkzeug scheinen uns zwei Denkansätze besonders tauglich. Zum einen ist dies der limbische Ansatz der Gruppe Nymphenburg, den wir bereits erwähnt haben. Auf der Basis dieses Ansatzes wurden Persönlichkeitstypen entwickelt, die Limbic® Types. Die Limbic Types gliedern sich in sieben Persönlichkeitstypen.

- Harmoniser(in): hohe Sozial- und Familienorientierung, geringere Aufstiegs- und Statusorientierung, Wunsch nach Geborgenheit
- Tradionalist(in): geringe Zukunftsorientierung, Wunsch nach Ordnung und Sicherheit
- Offene(r): Offenheit für Neues, Wohlfühlen, Toleranz, sanfter Genuss
- Hedonist(in): aktive Suche nach Neuem, hoher Individualismus, hohe Spontaneität

- Abenteurer(in): hohe Risikobereitschaft, geringe Impulskontrolle
- Performer(in): hohe Leistungsorientierung, Ehrgeiz, hohe Statusorientierung
- Disziplinierte(r): hohes Pflichtbewusstsein, geringe Konsumlust, Detailverliebtheit

Hier die Verteilung dieser Typen in der deutschen Bevölkerung.

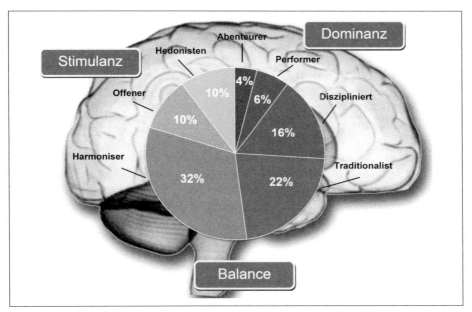

Abbildung 20: Die Verteilung der Limbic Types in der Bevölkerung
Quelle: Copyright: Dr. Häusel; Gruppe Nymphenburg www.nymphenburg.de

Der zweite Ansatz, der beim Chamäleon-Effekt eine Rolle spielt, ist die Persönlichkeitsanalyse nach INSIGHTS MDI. Dort werden acht Typen unterschieden.

Es sind dies der Direktor (roter Typ), der Motivator (rot-gelber Typ), der Inspirator (gelber Typ), der Berater (gelb-grüner Typ), der Unterstützer (grüner Typ), der Koordinator (grün-blauer Typ), der Beobachter (blauer Typ) und der Reformer (blau-roter Typ).

● *Aufgelesen*

Der Direktor

Direktoren sind entschlussfreudige, vorausschauende und fordernde Persönlichkeitstypen, die sich für ihre Ziele stark einsetzen. Eine starke Sachorientierung und deutliche Betonung des Verstandes führen zu einer ergebnisorientierten Vorgehensweise beim Lösen von Problemen. Direktoren entwickeln zielorientiert Ideen, deren Umsetzung sie oft energisch vorantreiben. Sie bevorzugen abwechslungsreiche Aufgaben und Veränderungen. Sie lieben Herausforderungen, die sie weiterbringen.

Der Motivator

Motivatoren legen gleichermaßen Wert auf Ergebnisse wie auf gute zwischenmenschliche Beziehungen. Sie mögen keine Detailarbeiten, sondern bevorzugen den Blick für das Ganze. Aufgaben erledigen sie gerne in Zusammenarbeit mit anderen oder mit Teams. Sie treffen gerne Entscheidungen, wobei sie auch auf andere Personen Rücksicht nehmen. Eine zumeist positive Grundeinstellung und hohe kommunikative Fähigkeiten zeichnen die Motivatoren aus. Sie bevorzugen Abwechslung, brauchen vielfältige Tätigkeiten und die Möglichkeit, mit anderen Menschen zusammenzuarbeiten.

Der Inspirator

Inspiratoren sind gesellig und suchen ein angenehmes soziales Umfeld, in dem sie vielfältige Kontakte knüpfen und pflegen können. Sie sind begeisterungsfähig, gesellschaftlich gewandt und knüpfen leicht neue Kontakte. Inspiratoren sind häufig rhetorisch geschickt und können sich und ihre eigenen Ideen mit hoher Begeisterungsfähigkeit verkaufen. Sie sind zumeist sehr optimistisch und sehen das Gute in jeder Person und jeder Situation.

Der Berater

Berater sind warmherzige, verständnisvolle und umgängliche Menschen, die sowohl im Beruf als auch im Privatleben nach positiven Beziehungen zu ihren Mitmenschen streben. Sie sind anspruchsvoll und lösen als guter Teamarbeiter Aufgaben in Zusammenarbeit mit anderen. Berater sind von Natur aus beständig und ermutigen andere Menschen. Sie schätzen eine stabile Umgebung und bewahren in den meisten Situationen Gelassenheit.

Der Unterstützer

Unterstützer sind umgängliche und beständige Menschen, denen vor allem an einem guten Auskommen mit anderen gelegen ist. In ihrem Arbeitsumfeld entwickeln sie enge Beziehung zu Einzelnen oder kleinen Gruppen von Kollegen. Hauptziel ihrer Aktivitäten und Bestrebungen ist, Vertrautes zu erhalten und ein berechenbares und sicheres Umfeld zu schaffen. Auf ihrem jeweiligen Spezialgebiet sind Unterstützer äußerst effizient und führen ihre Arbeiten mit hoher Beständigkeit aus.

Der Koordinator

Koordinatoren sind sorgsame und konventionelle Menschen, die gleichermaßen diplomatisch wie aufrichtig handeln. Sie besitzen oft hohe Wertmaßstäbe, sind loyal, diszipliniert und präzise. Koordinatoren arbeiten gerne in einem beständigen Umfeld. Sie sind häufig pragmatisch, wobei sie operative Tätigkeiten strategischen Aufgaben vorziehen. Geduld und Durchhaltevermögen sowie eine systematische Arbeitsweise zeichnen Koordinatoren aus.

Der Beobachter

Beobachter verfügen häufig über hochentwickelte analytische Fähigkeiten und nutzen vor allem sachliche Daten und Fakten für ihre Entscheidungen. Sie sind diszipliniert, gewissenhaft und zuverlässig in ihrer Arbeitsweise. Sie bevorzugen Tätigkeiten, die ein hohes Maß an Genauigkeit und Detailkenntnis fordern. Beobachter sind objektive Denker, die Informationen und Fakten kombinieren und dabei stets auf der Suche nach der „richtigen Antwort" sind, bevor sie Entscheidungen treffen.

Der Reformer

Reformer sind kreative und abstrakte Denker, die hohe analytische Fähigkeiten mit dem Wunsch nach Ergebnisorientierung verbinden. Sie benötigen Freiräume zum Erforschen neuer Ideen und Lösungsansätze und die Möglichkeit, ihre Ergebnisse zu überprüfen. Sie haben generell große Freude an der Lösung von Problemen. Häufig sind Reformer sehr perfektionistisch und sehr theoretisch orientiert. Ihre hohe Sachorientierung hat zur Folge, dass sie an zwischenmenschlichen Kontakten ein eher geringes Interesse haben.

(http://www.insights.de/i_mdiachtpersoenlichkeiten.html)

Beide Systeme der Persönlichkeitstypologien sind sehr differenziert entwickelt. Wie bereits erwähnt, geht es uns aber um ein möglichst einfaches System, das schnell erlernt und angewendet werden kann. Deshalb reduzieren wir für den Chamäleon-Effekt zunächst die Typen. Dazu nehmen wir aus der Insights-Methode die Kerntypen. Der rote Typ ist der forsche, durchsetzungswillige Direktor, der gelbe ist der leutselige, gut aufgelegte Inspirator. Der grüne Unterstützer baut gut und gerne langfristige, tiefergehende Beziehungen auf, und der blaue Beobachter orientiert sich vor allem an Zahlen, Daten und Fakten.

Vergleicht man nun diese Insights-Typologie mit den drei Hauptmotiven der Limbic-Typologie, dann lassen sich unseres Erachtens folgende Zuordnungen finden:

- Roter Typ: Dominanz/Macht
- Gelber Typ: Stimulanz/Spaß
- Grüner Typ: Balance/Sicherheit auf der Basis von Beziehungen
- Blauer Typ: Balance/Sicherheit auf der Basis von Zahlen, Daten, Fakten

Zur weiteren Vereinfachung sprechen wir im Folgenden vom roten Macht-Typ, vom gelben Spaß-Typ, vom grünen Sicherheits-Typ und vom blauen Sicherheits-Typ. Im Chamäleon-Effekt geht es nun darum, die Farbe des anderen zu erkennen und sich danach dieser Farbe anzupassen. Diese Fähigkeit hat jeder Mensch, denn jeder Mensch trägt die vier Farbtypen, die vier Persönlichkeitsmuster in sich, nur in unterschiedlicher Ausprägung. Deshalb kann mit einiger Übung auch jeder bewusst eine dieser Persönlichkeitsfärbungen verstärken, je nachdem, welche er benötigt. Unbewusst macht unser Emotionshirn das sowieso schon. Es zeigt in verschiedenen Situationen einen Persönlichkeitsanteil stärker oder schwächer. Der rote Macht-Typ zum Beispiel ist als Top-Manager sehr durchsetzungsstark und eher unzugänglich, beim Empfang der ausländischen Gäste und dem Abendessen mit ihnen fährt er seine gelben Anteile hoch, um Smalltalk zu betreiben. Wenn er seine Bilanzen liest, braucht er den blauen Anteil und wenn der Enkel zu Besuch kommt, in den er völlig vernarrt ist, holt er alles Grün hervor, das er in seiner Persönlichkeitsstruktur zusammenkratzen kann. Er wirkt auf das Kind dann immer noch wie ein roter Gärtner, aber mit dem lässt es sich zumindest besser spielen als mit einem roten Kampfhund.

Bevor wir aber den anderen einschätzen, müssen wir lernen, uns selbst einzuschätzen.

„Wer Menschenkenntnis besitzt, ist gut; wer Selbsterkenntnis besitzt, ist erleuchtet." *Chinesisches Sprichwort*

Sie können sich mit einer relativ einfachen Methode selbst einschätzen, die wiederum auf Insights basiert. Zunächst zeichnen Sie wie in Abbildung 21 die Querachse eines Koordinatensystems auf ein Blatt Papier.

Abbildung 21: Selbsteinschätzung mit der Typenskala
Quelle: METATRAIN GmbH, www.metatrain.de

Links das I bedeutet introvertiert, rechts das E extravertiert. Stellen Sie sich nun die beiden Enden als die extremen Pole einer Typenskala vor. Der introvertierte Typ am linken Pol sitzt alleine, von der Welt völlig abgeschnitten in einer Höhle im indischen Goa und meditiert vor sich hin. Der extravertierte Typ am rechten Pol ist der tanzende, lachende, stets Frohsinn verbreitende, immer in Menschenmengen wild kommunizierende und gestikulierende Fußballfan, der drei Vuvuzelas verschluckt hat und der es keine fünf Minuten ruhig sitzend aushält – der Albtraum einer jeden Grundschullehrerin! Irgendwo dazwischen sind Sie. Dort, wo Sie sich verorten, machen Sie ein Kreuz auf der Achse. Bitte vermeiden Sie die Mitte. Sie können nah am Mittelpunkt sein, aber Sie sollten eine Seite wählen. Vertrauen Sie auf Ihr Emotionshirn. Das weiß es genau. Wir haben als Erklärungsbeispiel in der folgenden Achse ein Kreuz auf der linken Seite gemacht. Ein Typ also, der eher introvertiert ist.

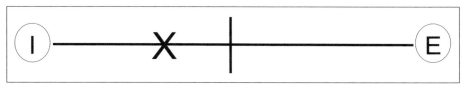

Abbildung 22: Selbsteinschätzung mit der Typenskala: introvertierter Persönlichkeitstyp
Quelle: METATRAIN GmbH, www.metatrain.de

Zeichnen Sie nun durch die Mitte eine Hochwertachse. Oben bei S sitzt wieder im Pol der sachorientierte Typ. Wenn er ein Projekt angeht, dann müssen vor allem der Projektplan definiert, die Arbeitspakete klar beschrieben und die Meilensteine sicher terminiert sein. „Projektteam? Ach ja, das gibt es auch noch. Hoffentlich arbeiten die alles sauber ab und bringen bei der Planung nichts durcheinander."

Im Pol unten bei M sitzt der menschenorientierte Typ. „Ein neues Projekt, aha. Wen beziehe ich mit ein? Helmut und Marga haben zurzeit einen unausgesprochenen Konflikt, das muss ich beachten. Vielleicht nehme ich Susanne dazu, die wirkt so ausgleichend und macht diesen wildaromatischen Tee. Das Rezept hat sie von Bernd. Bernd, der wär doch auch was. Ach, der arbeitet ja gar nicht bei uns."

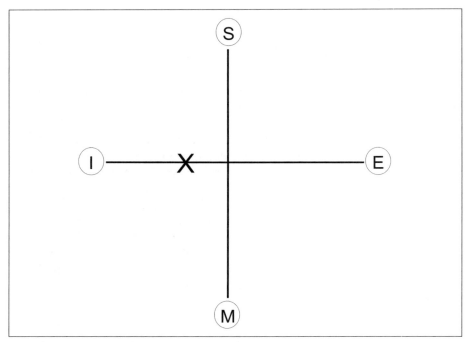

Abbildung 23: Selbsteinschätzung mit der Typenskala: Einordnung in einem Projektteam
Quelle: METATRAIN GmbH, www.metatrain.de

Irgendwo dazwischen sind wieder Sie. Eher sachorientiert, eher menschenorientiert? Bitte bedenken Sie, dass wir nur die Extreme beschrieben haben. Natürlich sind sachorientierte Menschen auch menschenorientiert und menschenorientierte auch sachorientiert. Aber eben „auch".

Tragen Sie jetzt auf der Hochwertachse Ihr Kreuzchen ein. Im Beispiel (vgl. Abbildung 24) haben wir unser Kreuzchen näher an S gemacht.

Wenn wir nun eine Senkrechte zu der Achse ziehen, auf der das jeweilige Kreuzchen liegt, erhalten wir einen Schnittpunkt. Dieser Schnittpunkt liegt in einem der vier Koordinatenfelder. Daraus können wir nun unsere Farbpräferenz lesen.

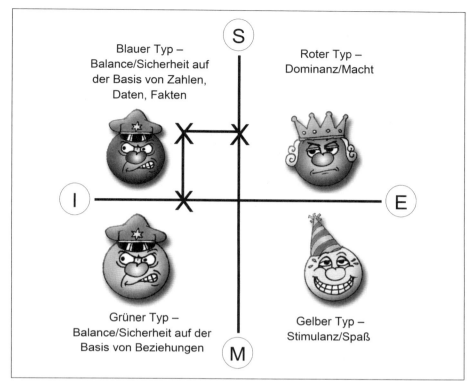

Abbildung 24: Einordnung der Farbtypen
Quelle: METATRAIN GmbH, www.metatrain.de

Sie können sich gerne noch einmal oben in die jeweilige Beschreibung des Farbtyps vertiefen. Spannend ist auch, wenn Sie Ihren Partner oder einen Freund/eine Freundin bitten, diese Einschätzung für Sie zu machen. Dann haben Sie neben dem Selbstbild auch ein Fremdbild. Manchmal mag man das Ergebnis der eigenen Einschätzung nämlich nur ungern glauben.

Versöhnen Sie sich mit Ihrem Farbtyp, denn alle Persönlichkeitstypen sind gleich wertvoll. Sie haben nur verschiedene Talente. Außerdem hat jeder alle Farbtypen in sich, es ist nur meist so, dass ein Farbtyp dominiert. Diese eigene, dominante Farbe zu finden, ist sehr wertvoll. Erst wenn ich weiß, was für ein Typ ich bin, kann ich daraus auf meine Talente schließen und mir so eine Tätigkeit suchen, in der ich die Chance habe, glücklich zu werden.

„Wer Freude an seiner Tätigkeit hat, der muss keinen Tag zur Arbeit gehen."
Konfuzius

Ein blauer Sicherheits-Typ in einem gut frequentierten Laden an der Verkaufsfront kann nur unglücklich werden. Ein gelber Spaß-Typ ist dort in seinem Element. Ein roter Macht-Typ als Kursleiter in einem Häkelkurs zur Entdeckung der weiblichen Seite im Mann ist nicht die optimale Besetzung, und ein grüner Sicherheits-Typ als Speerspitze bei der feindlichen Übernahme der Konkurrenzfirma wird wahrscheinlich auch stumpf bleiben. Beide werden sich in der Selbsthilfegruppe für falsch platzierte Talente treffen, deren Leitung nach kurzer Zeit der rote Macht-Typ an sich reißt. Der grüne Sicherheits-Typ wird versuchen, tragende Beziehungen aufzubauen, damit die Gruppe nicht auseinanderfällt. Der blaue Sicherheits-Typ, der auch dabei ist, führt Statistiken, wer an welchen Tagen wie viele Beiträge gebracht hat, nach Inhalt und Tageszeit geordnet. Der gelbe Spaß-Typ reißt Witze, freut sich, dass alles so gut läuft und lädt alle nach Abschluss der Gruppenstunde in seine Lieblingskneipe ein.

Wir überzeichnen, um zu verdeutlichen. Es geht uns beim Chamäleon-Effekt um eine schnelle, grob gerasterte Einschätzung, die hilft, sich dem anderen ebenso schnell im Persönlichkeitstyp anzupassen. Sie haben im Verkaufsgespräch nicht die Chance, eine eingehende Analyse durchzuführen. Sie haben aber die Chance, sich auf den Persönlichkeitstyp des anderen einzulassen, um ihn so besser verstehen und bedienen zu können. Dazu noch ein paar Tipps.

5.2.3 Tipps für die Persönlichkeitstypen

Tipps für den roten Macht-Typ

- *Wenn Sie auf einen gelben Spaß-Typ treffen:*

  Beim gelben Spaß-Typ kramen Sie Ihr Small-Talk-Repertoire heraus. Sie können gerne sein Auto bewundern, ihn wegen seines guten Geschmacks loben oder Ähnliches. Stellen Sie sich darauf ein, dass er Sie eventuell leutselig berührt und beispielsweise auf die Schulter klopft. Der Spaß-Typ will Ihnen damit nicht gleich zu nahe kommen, für ihn ist das normale Kommunikation. Lachen Sie ruhig über seine Witze und fordern Sie noch einen. So wirken Sie einigermaßen gelb und kommen mit ihm auf eine Ebene. Fragen Sie aber nach einiger Zeit konkret nach dem Abschluss – auch mit etwas Nachdruck. Sonst amüsiert er sich mit Ihnen ein paar Stunden und kauft dann woanders. Vor allem bleiben Sie der, der bedient. Es ist nicht der Zeitpunkt, um Kräfte zu messen oder den anderen die eigene Überlegenheit spüren zu lassen.

- *Wenn Sie auf einen grünen Sicherheits-Typ treffen:*

    Der grüne Sicherheits-Typ ist für den roten Macht-Typ die größte Herausforderung. Suchen Sie in Ihren roten Abgründen, irgendwo finden Sie sicher etwas Grün, um sich zumindest irgendwie grünlich einzufärben. Stellen Sie sich darauf ein, dass es länger dauert und zunächst vieles ausgetauscht wird, von dem Sie sich wundern, dass es fremde Menschen interessiert. Nehmen Sie einfach hin, dass manche das, was Sie in fünf Minuten erledigt hätten, auf zwei Stunden dehnen. Halten Sie durch, dann können Sie einen loyalen Kunden für's Leben gewinnen.

- *Wenn Sie auf einen blauen Sicherheits-Typ treffen:*

    Der blaue Sicherheits-Typ braucht für sein Emotionshirn Distanz und Sicherheit über Zahlen. Seien Sie ruhig und überlegt und beantworten Sie alle Fragen auch im Detail. Zügeln Sie Ihre Ungeduld und warten Sie, bis er alles mehrmals abgewogen hat. Lassen Sie ihm dann auch Zeit für die Entscheidung.

- *Wenn Sie auf einen anderen roten Macht-Typ treffen:*

    Lassen Sie sich von ihm einschätzen und signalisieren Sie ihm, dass Sie auf Augenhöhe sind und ihn gerne bedienen, denn Sie sind kundenorientiert und wollen genauso wie er ein Geschäft schnell und effektiv durchziehen. Achtung, die Gefahr eines Hahnenkampfs oder Zickenkriegs liegt immer nur einen Wimpernschlag entfernt.

Tipps für den gelben Spaß-Typ

- *Wenn Sie auf einen grünen Sicherheits-Typ treffen:*

    Der grüne Sicherheits-Typ ist ebenso menschenorientiert wie Sie. Allerdings möchte er nicht bespaßt werden. Fahren Sie also Gelb herunter und Grün hoch. Vor allem: Klappe halten! Zuhorchen, was der andere will, auf ihn eingehen. Keine Party, sondern tiefgründiges Gespräch ist angesagt. Natürlich müssen Sie auch nicht todernst sein. Wenn Sie aber den grünen Sicherheits-Typ mit einem witzig-flapsigen Spruch an der falschen Stelle treffen, dann haben Sie einen Feind fürs Leben. Als gelber Spaß-Typ hätten Sie das nach fünf Minuten schon wieder vergessen. Grüne Sicherheits-Typen haben in der Beziehung aber eher ein Elefantengedächtnis.

- *Wenn Sie auf einen blauen Sicherheits-Typ treffen:*

Vorsicht! Blau ist für Sie am schwierigsten zu handhaben. Zahlen, Daten, Fakten und Nüchternheit sind einfach nicht Ihr Ding. Wenn der blaue Sicherheits-Typ kommt, müssen sie aber temporär ihr kaum vorhandenes Blau hochfahren, denn wenn er zu viel Gelb bei Ihnen sieht, dann sind Sie für ihn gleich der Hanswurst, der Hallodri, der Quatschkopf. Mit solchen Menschen macht der blaue Sicherheits-Typ keine Geschäfte. Er akzeptiert aber, wenn er sieht, dass Sie redlich bemüht sind, sich auf ihn einzustellen. Und bitte machen Sie ihm kein Kompliment, weil seine neue Krawatte den absolut angesagten Modefarben entspricht. Wahrscheinlich trägt er sie seit fünf Jahren und die Farben sind nur zufällig wieder modern.

- *Wenn Sie auf einen roten Macht-Typ treffen:*

Zeigen Sie, dass Sie kein Leichtgewicht sind und auf Augenhöhe verkaufen können. Sie können etwas lockerer sein als beim blauen Typen. Ein wohldosiertes Lob, das sein rotes Machtprogramm im Emotionshirn füttert, kommt immer gut an. Fassen Sie sich kurz und sehen Sie zu, dass Sie das Geschäft in roter Geschwindigkeit abschließen. Dauert es zu lange, kann es sein, dass der rote Macht-Typ verschwunden ist, bevor Sie es schaffen, die dritte Hose aus dem Lager zu holen. Der rote Macht-Typ weiß, was er will. Bringen Sie ihn nicht davon ab. Natürlich dürfen Sie ihn beraten, aber zu etwas überreden lässt sich der Rote nicht. Ist das Geschäft erledigt, entspannt er sich und dann hat er Zeit, mit Ihnen über das Wetter zu plauschen.

- *Wenn Sie auf einen gelben Spaß-Typ treffen:*

Sie werden sich prächtig verstehen. Wenn Sie einen gelben Kunden im Büro besuchen, achten Sie darauf, dass Sie genügend Münzen auf Vorrat in die Parkuhr werfen. Wenn Sie in einem Ladengeschäft verkaufen, dann achten Sie darauf, dass auch noch andere Kunden bedient werden wollen.

Tipps für den grünen Sicherheits-Typ

- *Wenn Sie auf einen blauen Sicherheits-Typ treffen:*

Der Blaue ist vor allem sachorientiert. Er interessiert sich nicht für Ihr berührendes Erlebnis mit dem kranken Hund während Ihres letzten Bali-Urlaubs. Er wird nicht verstehen, dass Ihr Emotionshirn mit dieser

Geschichte eine Beziehungsbrücke bauen will. Er wird höchstens ziemlich pikiert fragen, was der Hund mit dem Drehmoment des Motors in der Waschmaschine zu tun hat, die Sie ihm verkaufen wollen. Deshalb erzählen Sie ihm die Geschichte von der dreifach verstärkten Trommelaufhängung, dem im europäischen Schnitt größten Fassungsvolumen und der Energieeinsparung auf das Kilowatt genau. Seine Augen werden leuchten, und Sie haben eine Beziehung rein über die Datenbrücke aufgebaut. Ist das nicht toll?

- *Wenn Sie auf einen roten Macht-Typ treffen:*

Achtung, der meint es nicht so. Der meint auch nicht speziell Sie. Rote Macht-Typen sind so. Er will Sie weder beleidigen noch unter Stress setzen oder zur Verzweiflung treiben. Grüne Sicherheits-Typen sind nur der natürliche Feind der Roten. Deshalb auch für Sie als grünen Typ vor allem der Tipp, dass Sie etwas Gegenwind aufbauen, ihr Rot nach außen zeigen. Rot aussehenden, höflichen Widerstand zeigen und so auf eine Kommunikationsebene kommen, die der Rote schätzt. Wenn Sie dann noch Ihre Geschwindigkeit auf den roten Ferrari anpassen, dann kommen Sie mit ihm gut zurecht. Versäumen Sie all diese Dinge, tritt der rote Macht-Typ Sie unter dem Teppichboden fest.

- *Wenn Sie auf einen gelben Spaß-Typ treffen:*

Er orientiert sich an Menschen, ist aber kein Grüner. Es ist ähnlich wie bei den Amerikanern, denen man nachsagt, dass Sie zwar sogar als Fremder herzlich nach Hause eingeladen werden, aber es wird nie damit gerechnet, dass Sie die Einladung annehmen. Begeben Sie sich auf diese Ebene, die Ihnen oberflächlich erscheint, und lassen Sie sich auf den Gelben ein. Es kann ansteckend wirken, das Leben etwas leichter zu nehmen, und Freude machen, das eigene Gelb etwas aufzupolieren.

- *Wenn Sie auf einen grünen Sicherheits-Typ treffen:*

Sie werden lange, gute Geschäfte machen, wenn Sie die entsprechende Beziehungsebene finden. In Bezug auf den Abschluss müssen Sie den richtigen Moment finden. Hierfür hat ihr Emotionshirn bereits ein feines Gespür entwickelt.

Tipps für den blauen Sicherheits-Typ

- *Wenn Sie auf einen roten Macht-Typ treffen:*

Gehen Sie auf Augenhöhe. Dies wird Ihnen als blauer Sicherheits-Typ weniger schwerfallen als den Gelben oder Grünen. Achten Sie aber darauf, dass Ihre Faktenüberlegenheit nicht arrogant wirkt, denn dann sind Sie ganz schnell in einen Machtkampf verwickelt. Bei einem Kunden kann das nur schaden, nie nutzen. Fassen Sie sich kurz. Den Roten interessieren nicht die Details, er will die Ergebnisse. Wenn Sie für einen roten Macht-Typ eine Präsentation vorbereiten, streichen Sie zum Schluss 90 Prozent der Zahlen, Daten, Fakten wieder, die Sie eingebaut haben. Dann liegen Sie in etwa richtig.

- *Wenn Sie auf einen gelben Spaß-Typ treffen:*

Für den blauen Sicherheits-Typ ist es besonders schwierig, gelb hochzufahren. Es bleibt Ihnen aber nichts anderes übrig, der Gelbe wird Sie ansonsten als arrogant und unnahbar wahrnehmen. Lassen Sie sich auf seine Späßchen ein, geben Sie ihm Antwort, wenn er Sie fragt, ob Sie beim Segeln waren, weil Sie so braun sind, und loben Sie auch ihn, wenn Ihnen etwas Positives auffällt. Ja, wir wissen, wie schwer das für einen blauen Sicherheits-Typ ist, aber Sie müssen den Gelben ja nicht gleich heiraten, Sie müssen ihm nur etwas verkaufen.

- *Wenn Sie auf einen grünen Sicherheits-Typ treffen:*

Lassen Sie Ihre Zahlen, Daten und Fakten eingepackt. Lehnen Sie sich zurück und hören Sie gut zu. Fragen Sie gerne auch nach, wenn die Rede auf die Familie kommt, was die Kleinen so machen und auf welche Schule sie gehen. Verkneifen Sie sich dabei die Frage, ob seine Kinder im Notendurchschnitt über oder unter der europäischen Norm liegen. Dies könnte der Grüne Ihnen übel nehmen.

- *Wenn Sie auf einen blauen Sicherheits-Typ treffen:*

Nachdem Sie sich darüber ausgetauscht haben, mit welcher Einstellung das Handy auch in Aserbaidschan noch in einem Frequenzbereich sendet, der laut europäischer Sendeoptimierungsverordnung zulässig ist, denken Sie daran, ihm nun das Handy zu verkaufen.

Beim Chamäleon-Effekt müssen Sie sich nicht verkrümmen, verstecken, verbiegen. Es geht darum, den Kunden einzuschätzen und dann den passenden Farbanteil selbst zu aktivieren. Dazu braucht es Erfahrung, Übung und vor allem müssen Sie es wollen. Ist das der Fall, dann wird Ihr Emotionshirn über kurz oder lang gelernt haben, sich auf andere Farben einzustellen, indem es sich selbst entsprechend einfärbt. Wie ein Chamäleon eben.

5.3 Die gute alte Freundlichkeit

Zunächst möchten wir eine Lanze für alle Mitarbeiter im Kundenkontakt brechen. Es ist einfach sehr schwer, immer freundlich zu sein oder zu wirken, vor allem dann, wenn man gerade nicht in der Stimmung ist. Stellen Sie sich zum Beispiel vor, Sie müssten auch nur den halben Tag an einer Kasse sitzen und immer freundlich bleiben, obwohl Sie überwiegend in unfreundliche Gesichter sehen und unfreundliche Bemerkungen über sich ergehen lassen müssen. Ist das nicht knüppelhart?

> • *Aufgelesen*
>
> ***Tüte oder so was – Wie man als Kunde nervt, ohne es zu merken.***
>
> *Um eine etwas realistischere Vorstellung davon zu bekommen, wie es ist, mit Kunden zu arbeiten, muss man sich nur in Erinnerung rufen, wie vielen übel gelaunten und rücksichtslosen Menschen man normalerweise schon begegnet, wenn man nur einmal in ein öffentliches Verkehrsmittel steigt, ein paar Stationen fährt und wieder aussteigt. Das ist aber noch nicht einmal alles. Sogar Menschen, die sich sonst unauffällig verhalten, treu sorgende Eltern sind, nicht pöbeln, nicht an Casting-Shows teilnehmen und immer die Nachbarn grüßen, mit denen man sich vielleicht sogar hervorragend unterhalten könnte, würde man ihnen auf einer Party begegnen, sogar diese Menschen können eine fürchterliche Mutation durchmachen, sobald sie, mit Zahlungsmitteln bewaffnet, ein Geschäft betreten. Sie sind dann nicht mehr ganz sie selbst. Sie sind dann KUNDEN!*
>
> (Ulrike Sterblich, Tüte oder so was, Goldmann, Seite 9/10)

So schwer es auch fällt, vor allem dann, wenn wir unfreundliche Kunden haben: Ein freundliches Gesicht im Kundenkontakt, das ist Basis und unabdingbar. Wie der Banker seinen Anzug anzieht, der Handwerker seinen Overall, der Schornsteinfeger seine schwarzen Kleider, ist ein freundliches Gesicht im Kundenkontakt die Arbeitskleidung, die anzuziehen ist, egal was los ist. Werfen Sie Hirn-Placebos ein oder machen Sie ein Spiel daraus. Das Spiel heißt: Wie viele Kunden kann ich heute freundlich stimmen? Es ist ein Spiel, das Sie auch umgekehrt als Kunden spielen können. Gelingt es mir, die miesepetrige Bedienung ein stückweit freundlicher zu stimmen? Ein hervorragendes Testgebiet ist die Supermarktkasse. Ein freundliches Lächeln für die Frau an der Kasse, eine nette Begrüßung, zuvorkommendes Mithelfen und dann eine herzliche Verabschiedung – manchmal gelingt es tatsächlich, auf diese Weise ein Lächeln geschenkt zu bekommen.

Ein freundliches Gesicht und freundliches Verhalten sind deshalb so wichtig, weil Unfreundlichkeit, in welcher Form auch immer, der Hauptgrund ist, warum Kunden wechseln. Das Spaßprogramm im Emotionshirn hat keine Lust, sich in unfreundlicher Umgebung länger aufzuhalten, das Machtprogramm lässt sich das nicht gefallen und das Sicherheitsprogramm vermutet Gefahr und will präventiv den Ort der Unfreundlichkeit vermeiden.

● *Aus der Praxis*

Einer unserer Mitarbeiter hatte einen Zahnarzttermin. Er betrat die Praxis und begrüßte die am Empfangstresen sitzende Dame freundlich. Ihm wurde nur ein strenger Blick geschenkt. Er deutete diesen Blick als unausgesprochene Frage und sagte: „Ich habe um 9.30 Uhr einen Termin." Die Dame schaute in den Kalender und blickte unseren Mitarbeiter nochmals abschätzend an, bevor sie „So?" äußerte. Er erwiderte „Ja!", worauf er ein „Nein!" zu hören bekam. Und mit vernichtendem Tonfall fügte die Dame hinzu „Sie haben einen Termin um 10.30 Uhr und nicht um 9.30 Uhr."

*Unser Emotionshirn hat noch mehr gehört. Es hört, wie Sie bereits wissen, immer auch das **Unausgesprochene**.*

*Beim „So?" hörte das Emotionshirn: **„Was wagst du es, mich zu stören!"** Das Emotionshirn hörte nicht nur „Sie haben einen Termin um 10.30 Uhr und nicht um 9.30 Uhr", sondern auch: **„Du Volltrottel scheinst ja wirklich schwer vom Begriff zu sein. Geh jetzt ins Wartezimmer oder wieder raus!"***

Wegen dieses Vorfalls hat unser Mitarbeiter den Zahnarzt nicht gewechselt, aber nur, weil der ein hervorragender Fachmann ist und weil er einen weiteren entscheidenden Vorteil hat. Er hat nämlich ein Zeitfenster für Schmerzpatienten eingeführt. In diesem Zeitraum werden alle überraschenden Fälle einbestellt. Dadurch müssen Schmerzfälle nicht mehr eingeschoben werden, und die vereinbarten Termine werden so fast punktgenau eingehalten. Ein hervorragender Service! Der Zahnarzt beschenkt seine Patienten mit etwas, das in unserer Zeit zum Luxusgut geworden ist: Zeit. Da steckt das Emotionshirn das eine oder andere Minus locker weg.

In unseren Vorträgen trauen wir uns oft gar nicht mehr, das Thema Freundlichkeit aufzugreifen. Allenthalben schallt es uns entgegen: „Wissen wir, machen wir!" Dass es fast alle wissen, glauben wir sogar. Allerdings dürfen wir an dieser Stelle unseren lieben Kollegen Alexander Munke zitieren, der ein Bibelzitat umformuliert hat: „Herr, vergib Ihnen, denn sie tun nicht, was sie wissen!" Oder begegnen Ihnen beim Einkaufen stets freundliche Verkäufer oder Bedienungen, die sich Ihrer annehmen und Ihnen stets das Gefühl geben, herzlich willkommen zu sein?

„Herr vergib Ihnen, denn sie tun nicht, was sie wissen!"
Alexander Munke

● *Aufgelesen*

Vor einiger Zeit wiesen zwei Forscher nach, dass der 16 Millisekunden lange Anblick eines lächelnden oder eines stirnrunzelnden Gesichts – zu kurz, um von den Probanden bewusst registriert oder als Emotion erkannt zu werden – einen Einfluss auf den Betrag hatte, den die Teilnehmer für ein Getränk zu zahlen bereit waren. Wenn sie lächelnde Gesichter sahen, schenkten sie sich deutlich mehr aus einem Krug ein und waren bereit, doppelt so viel dafür zu bezahlen wie in einer Situation, wenn sie missbilligende Gesichter sahen ... Das heißt, lächelnde Gesichter können uns unbewusst dazu bewegen, mehr zu kaufen ...

(Martin Lindstrom, Buyology, Frankfurt a. M. 2009, Seite 82/83)

Freundlichkeit und positive Kommunikation, aktives Zuhören, auf den anderen eingehen und ihn wertschätzen sollten wir alle schon aus reinem Egoismus praktizieren. Das Leben macht dann mehr Spaß, und dies wirkt sich auf die Gesundheit positiv aus. Forscher des University College London fanden heraus, dass Menschen mit vielen positiven Gefühlsmomenten geringere Mengen des Stresshormons Cortisol im Blut haben. Ein erhöhter Cortisolspiegel spielt bei Diabetes, Bluthochdruck, Depressionen und Krankheiten des Immunsystems eine Rolle. Menschen mit weniger positiven Gefühlsmomenten hatten in Stresssituationen zudem einen erhöhten Fibrinogenanteil. Das erhöht den Risikofaktor für Herz- und Gefäßerkrankungen. Eine positive Kommunikation dagegen fördert die Ausschüttung von Glücksbotenstoffen im Gehirn, was wiederum Herz und Kreislauf stärkt. Negative Kommunikation macht uns auf Dauer krank, positive Kommunikation macht uns auf Dauer gesund.

Trotz dieser Erkenntnisse laufen viele Menschen herum, die anscheinend schon vor ihrem Tod leblos sind. Jacques Offenbach hat das vor 150 Jahren so ausgedrückt:

„Ihr sollt niemals aufhören zu leben, ehe ihr gestorben, welches manchem passiert und ein gar ärgerliches Ding ist."

Jacques Offenbach

Aber Achtung! Wir sprechen hier nicht von einem Dauergrinsen, das aussieht, als hätte es ein Freundlichkeitschirurg ins Gesicht gemeißelt. Jeder Mensch hat eine eigene, individuelle Art der freundlichen Ausstrahlung, ein eigenes, individuelles Lächeln. Für das Emotionshirn des Kunden muss es nicht das künstliche abgekupferte oder antrainierte Gesicht sein. Das wirkt im wahrsten Sinne des Wortes aufgesetzt. Das Emotionshirn merkt immer, ob jemand ihm freundlich begegnet, auch wenn das Lächeln nur angedeutet ist. Allerdings ist ihm eine aufgesetzte, professionelle Freundlichkeit immer noch lieber, als echte unverfälschte Unfreundlichkeit.

Stopp! Hier wollen wir kurz innehalten. Was wir über Freundlichkeit gesagt haben, gilt nicht für alle Kunden. Es gibt unter Ihren Kunden einen – wenn auch geringen – Anteil an Menschen, denen können Sie gar nichts, aber auch gar nichts Recht machen. Die nörgeln nur, sind servolationsresistent und rauben Ihnen Ihre Energie. Es sind die Kunden, die noch in unseren Köpfen kreisen, wenn wir nachts wach im Bett liegen, weil wir uns ärgern. Am nächsten Tag stehen wir dann mit einem Gesicht wie drei Tage Regenwetter im Geschäft und werfen den emotionalen Müll, der eigentlich den nervigen Kunden gehört, jedem an den Kopf, der uns in die Quere kommt. Wohl gemerkt, es geht hier nicht um die Kunden, die einmal einen schlechten Tag haben oder auch zweimal. Es geht um die chronischen Nervtöter. Ein Tipp: Reichen Sie die Scheidung ein! Schicken Sie diese Kunden zum Wettbewerb, sie können den nicht schwerer schädigen als mit dieser Maßnahme. Genau diese Kunden fressen Ihnen nämlich die Energie weg, die Sie dann für die lieben, netten Kunden und vor allem für die Stammkunden nicht mehr haben. Dort würde Ihr Energieaufwand aber Früchte tragen. Also versuchen Sie nicht, es allen Recht machen zu wollen.

„Ich kenne keinen sicheren Weg zum Erfolg, aber einen sicheren Weg zum Misserfolg: Es allen Recht machen zu wollen."
Platon

5.4 Säbelzahntiger gibt's nicht mehr

Warum nur ist es so schwer, bei der Kommunikation souverän zu bleiben und das vor allem in Situationen, in denen es besonders wichtig wäre, zum Beispiel, wenn ein Kunde wutentbrannt vor Ihnen steht? Er schimpft auf Sie oder das Produkt, das Sie ihm verkauft haben oder Ihre Firma oder auf alles zusammen. Jetzt könnten wir doch cool bleiben und uns souverän mit diesem Thema auseinandersetzen. Tun wir aber nicht, weil unser Emotionshirn rotiert. Vor allem das Sicherheitsprogramm ist in höchster Alarmbereitschaft. Das Sicherheitsprogramm ist der älteste Teil in unserem Emotionshirn. Es ist entstanden, als noch die Gefahr bestand, als Nachspeise im Magen eines Säbelzahntigers zu landen. Wenn so ein Säbelzahntiger um die Ecke gebogen kam, dann machte es wenig Sinn zu versuchen, mithilfe einer 50-Bit schnellen, denkhirnigen Entscheidungsmatrix einen Ausweg zu finden. Als erste Lebenserhaltungsmaßnahme schaltete deswegen das Sicherheitsprogramm sofort das Denkhirn ab. Gleich danach griff es auf eines seiner drei Gefahr-Verhaltensprogramme zurück: Flucht, Angriff, Totstellen.

Das Sicherheitsprogramm funktioniert noch wie vor Millionen Jahren. Wenn ein Kunde tobend vor Ihnen steht, schreit Ihr Sicherheitsprogramm deshalb: „Achtung Säbelzahntiger!" und greift auf eines der drei Gefahr-Verhaltensprogramme zurück. Flucht ist in unserem Fall kaum möglich. Das spricht sich herum, wenn Sie jedesmal abhauen, wenn ein Kunde pampig wird. Genauso ist das mit dem Totstellen. Der Kunden beschwert sich lautstark über den versäumten Liefertermin. Sie greifen sich ans Herz und sinken seufzend zu Boden. Natürlich werden Sie dadurch erreichen, dass der Kunde aufhört, sich lautstark zu beschweren. Er wird sich wahrscheinlich sogar rührend um Sie kümmern. Wenn allerdings herauskommt, dass das alles nur gespielt ist, bekommen Sie ein Problem. Außerdem können Sie das nicht beliebig wiederholen. Meistens wählt Ihr Sicherheitsprogramm deshalb den Kampf. Unterstützt wird es dabei vom Machtprogramm, das ständig schreit: „Lass dir das nicht gefallen! Würg ihm eine rein! Hau ihn auf den Kopf!" Das tun Sie dann auch. Nicht mehr mit der Keule aus Holz, sondern mit der verbalen Keule. Bringt Ihnen das etwas? Nein, sicher nicht. Sie können gegen einen Kunden nie gewinnen. Es heißt dann höchstens: Diskussion gewonnen, Kunden verloren. Wie reagieren Sie richtig?

Das Wichtigste ist zunächst, das Emotionshirn zu beruhigen. Verwenden Sie dazu Hirn-Placebos und denken Sie für sich:

- Da kommt ein Kunde. Der scheint richtig wütend zu sein. Gut, dass ich weiß, wie ich mit einer solchen Situation umgehen kann. Alles im grünen Bereich. Ich habe alles im Griff.
- Wunderbar, dort kommt ein Übungsobjekt. Da kann ich mein souveränes Kommunikationsverhalten wieder anwenden. Bin gespannt, auf welches verbale Beruhigungsmittel dieser Kunde anspringt.
- Ganz ruhig. Damit komme ich locker klar. Liebes Emotionshirn, du kannst ruhig wachsam bleiben, aber es ist wirklich alles in Ordnung. Wenn ich dich brauche, dann rufe ich dich gerne.

Formulieren Sie sich Ihr eigenes Hirn-Placebo, das zu Ihnen passt. Experimentieren Sie damit, welches am besten wirkt, damit Ihr Emotionshirn schön ruhig bleibt. Ich würde aber davon abraten, das Hirn-Placebo laut auszusprechen. Ihre Kollegen oder Kunden könnten etwas irritiert sein, denn nicht jeder ist in diesem Bereich schon so weit wie Sie. Es reicht deshalb, Ihr Hirn-Placebo in Gedanken zu versenden. Es kommt ganz sicher beim Emotionshirn an.

Haben Sie Ihr Emotionshirn beruhigt, dann gibt es eine Technik, die wir in unserem ersten Buch „Service ist sexy" bereits beschrieben haben und hier noch einmal vertiefen, weil sie so emotionshirnwirksam ist. Es ist die Lobpsychologie. Diese Technik greift deshalb so gut, weil sie im Emotionshirn direkt auf das Lustprogramm zielt.

„Du kannst dich gegen jeden Angriff wehren, nicht aber gegen ein Lob."
Sigmund Freud

Folgende Beispiele zur Veranschaulichung:

Beispiel 1:

Ein Kunde ist sauer, weil die neue Digitalkamera am Geburtstag nicht funktioniert hat. Er bringt die Kamera zurück und beschwert sich lautstark bei der Verkäuferin: „Die Kamera habe ich am Samstag extra gekauft, weil ich zum achtzigsten Geburtstag meiner Mutter am Sonntag Fotos machen wollte. Jetzt habe ich kein einziges Foto, weil das blöde Ding nicht funktioniert hat!"

Ihr Emotionshirn meint:

- *„Das gibt's doch gar nicht!"*
- *„Das hatten wir noch nie!"*
- *„Da müssen Sie etwas falsch gemacht haben!"*

Sie kommunizieren aber souverän:

- *„Das ist ärgerlich, das kann ich gut verstehen. Gut, dass Sie das Gerät auch gleich heute vorbei gebracht haben. Sehen wir uns das Gerät doch gleich mal an ..."*

Beispiel 2:

Der Kunde will den Preis drücken und sagt: „Das ist doch viel zu teuer!"

Ihr Emotionshirn meint:

- *„Wir arbeiten nicht mit Luftrabatten, wir sind ein seriöses Unternehmen."*
- *„Wir sind nicht teuer, wir bieten gute Leistung."*
- *„Billig müssen Sie woanders kaufen, unsere Produkte sind ihren Preis wert."*

Sie kommunizieren aber souverän:

- *„Es ist gut, dass Sie genau darauf achten, wofür Sie Ihr Geld ausgeben. Die Energiekosten steigen ja ständig, der Staat langt uns allen kräftig in die Tasche und die Lebenshaltungskosten gehen durch die Decke. Da muss man den Euro natürlich dreimal umdrehen, bevor man ihn ausgibt. Allerdings hat dieses Produkt für Sie folgende Vorteile ..."*

Sie können auf die Sachebene wechseln oder Argumente für Ihr Produkt, Ihre Dienstleistung anführen, *nachdem* Sie gelobt haben. Das Lob stimmt das Emotionshirn Ihres Gegenüber positiv, zumindest fährt es den Wutpegel auf einen Level herunter, der Ihnen die Chance gibt, das Gespräch souverän fortzusetzen. Allerdings ist Lobpsychologie keine Gesprächstechnik, die man so einfach spontan aus dem Ärmel schüttelt. Deshalb ist es sehr hilfreich, wenn Sie sich eine Tabelle machen. Schreiben Sie in die Tabelle Reklamationen, Beschwerden und Einwände, die Sie immer wieder hören. Sie werden feststellen, dass das gar nicht so viele sind. Danach überlegen Sie jeweils eine lobpsychologische Antwort und tragen sie in der Tabelle ein. Diese können Sie dann einüben. Dadurch verankern Sie die Antwort im Unterbewussten. Wenn Sie jetzt in eine entsprechende Situation kommen, ruft Ihr Emotionshirn die trainierte Antwort automatisch auf.

Unser Emotionshirn arbeitet vor allem mit automatisierten Antworten, also Antworten, die wir irgendwann erlernt haben. Wir können auch von Kommunikationsprogrammen sprechen, die unser Emotionshirn je nach Situation abruft und eventuell noch etwas anpasst. Das ist auch sinnvoll. Wir können gar nicht jedes Wort durchdenken, das wir von uns geben. Ansonsten würde schon eine Bestellung im Restaurant Stunden dauern. Nein, wir haben ein Vielzahl von Kommunikationsprogrammen angesammelt, die unser Emotionshirn auf Knopfdruck abspult. Es gibt viele positive, sehr hilfreiche Programme, aber auch viele negative, die uns oft hinderlich sein können. Für solche negativen Programme ist der Autoverkehr ein wunderbares Beobachtungsgebiet. Da gibt es zum Beispiel Menschen, die sofort loslegen, wenn ihnen jemand frech die Vorfahrt nimmt: „Du Idiot, Blödmann, hast deinen Führerschein wohl auf der Rolltreppe gemacht!" Das knallt direkt aus dem Emotionshirn in einer Lautstärke, mit der man auf einem Fischkutter bei Windstärke 12 noch jedes Wort verstehen würde. Dabei wird meist noch wild gestikuliert. Das Witzige dabei ist, dass das überhaupt keinen Sinn ergibt. Der andere ist schon lange weg und könnte sowieso nichts hören, weil das Ganze im geschlossenen Auto stattfindet. Durch diese Reaktion steigt nur unser Herzinfarktrisiko. Wäre es da nicht besser, wir würden uns nur milde wundern und dem anderen wünschen, dass er das nächste Mal etwas besser aufpasst. Das hilft zwar genauso wenig, ist aber gesünder.

Wie oft hätten wir uns schon am liebsten die Zunge abgebissen, weil wir etwas gesagt haben, das uns unser Emotionshirn vorwitzig über die Zunge gekickt hat. Leider lassen sich Worte, die einmal gesagt wurden, nicht wieder zurückholen.

„Das Wort ist wie ein Pfeil, der, einmal von der Sehne geschnellt, nicht zurückgehalten werden kann."

Arabisches Sprichwort

Das Emotionshirn treibt uns manchmal zu kleinen Sticheleien, sarkastischen Bemerkungen, bis hin zu groben Unfreundlichkeiten und Beleidigungen, die wir im Nachhinein bereuen und vielleicht nie von uns gegeben hätten, hätten wir das Denkhirn zu Rate gezogen. Und das ist auch schon das Grundprinzip der souveränen Kommunikation. Wir müssen lernen, mit dem Denkhirn auf das Emotionshirn mehr Einfluss zu nehmen, damit wir in dessen Entscheidungen bewusst einbezogen werden. Wie können wir dies am besten trainieren? Dieses Problem konnten wir mithilfe eines

Kunden lösen: Zu einem Workshop-Termin tauchte einer unserer Kunden mit einem lila Silikonband um sein Handgelenk auf. Wir fragten nach, was es damit für eine Bewandtnis habe. Der Kunde hatte das Buch „Einwandfrei" von Will Bowen gelesen. Unser Interesse schlug schnell in Begeisterung um, und wir begannen schließlich ein eigenes Trainingskonzept zu entwickeln. Es ist ein Training entstanden, das mit einfachen Mitteln dazu führt, bewusster und damit souveräner zu kommunizieren, weil wir dem Emotionshirn Zügel anlegen. Dieses Training nennen wir Smile-Watcher.

5.5 Der Smile-Watcher

Das Smile-Watcher-Training bewacht zum einen das Emotionshirn, damit wir unser Denkhirn öfter zuschalten können, und zum anderen reduziert es negative Kommunikationsprogramme. Wie funktioniert das Training genau?

Zunächst basiert es nicht wie klassische Seminare nur auf dem Aufbau von Know-how mit einigen eingestreuten Übungen. Das ist zwar in Ordnung, verpufft aber bald wieder, wie die Vergessenskurve nach Ebbinghaus zeigt.

> ● *Aufgelesen*
>
> *Die Vergessenskurve – oder auch Ebbinghaus'sche Kurve genannt – veranschaulicht den Grad des Vergessens innerhalb einer bestimmten Zeit. Sie wurde von dem deutschen Psychologen Hermann Ebbinghaus durch Selbstversuche entdeckt und zeigt, wie lange der Mensch neu Gelerntes behält und wie viel Prozent er vergessen hat.*
>
> *Seine Ergebnisse besagen grob, dass wir bereits 20 Minuten nach dem Lernen nur noch 60 Prozent des Gelernten abrufen können. Nach einer Stunde sind nur noch 45 Prozent und nach einem Tag gar nur 34 Prozent des Gelernten im Gedächtnis. Sechs Tage nach dem Lernen wiederum ist das Erinnerungsvermögen bereits auf 23 Prozent geschrumpft; dauerhaft werden nur 15 Prozent des Erlernten gespeichert.*
>
> (http://de.academic.ru/dic.nsf/dewiki/1455646)

Sie nehmen ja auch nicht ab, wenn Sie einen Artikel über Diäten lesen oder ein Seminar über Abnehmen besuchen. Da müssen Sie schon richtig aktiv werden, beispielsweise die Ernährung umstellen und das mit einem Bewegungsprogramm kombinieren.

Das Smile-Watcher-Training ist deshalb ein aktives Training. Sie müssen im wahrsten Sinne des Wortes etwas tun. Es beginnt damit, dass Sie den Smile-Watcher, das ist ein Silikonarmband, um Ihr Handgelenk legen.

Und schon geht es los. Immer, wenn Sie ab jetzt unfreundlich sind, wechseln Sie den Smile-Watcher auf das andere Handgelenk. Manche Teilnehmer fragen, wie sie merken sollen, wann sie unfreundlich sind. Die Antwort ist, dass Sie sich dabei voll auf Ihr Emotionshirn verlassen können. Es signalisiert Ihnen, wenn Sie unfreundlich waren. Allein, wenn Sie mit dem Denkhirn überlegen, ob das jetzt unfreundlich war, heißt das wechseln. Es geht bei diesem Training auch nicht um die Hundertprozentquote, und wir wissen auch, dass manche Menschen etwas als unfreundlich empfinden, was für andere vielleicht spaßig ist. Denken Sie nur an die verschiedenen Farbtypen. Dennoch werden Sie immer wieder in Situationen von Ihrem Emotionshirn das Signal bekommen: „Wechseln!"

Wenn Sie das Smile-Watcher-Training im Team machen, dann haben Sie noch das Feedback von außen. Jetzt kann es sein, dass Sie wechseln müssen, obwohl Sie gedacht haben, dass das jetzt nicht unfreundlich war. Im Team wird dazu ein Zeichen vereinbart. Das ist meistens das Berühren des Handgelenks. Sie sagen zum Beispiel am Telefon zu einem Kunden: „Das tut mir leid, dafür bin ich nicht zuständig." Dann kann es sein, dass ein Kollege an sein Handgelenk tippt und Ihnen damit signalisiert, dass er das als unfreundlich empfunden hat. Sie müssen dann wechseln. Wenn Sie dann nachfragen, sollte der Kollege aber auch begründen können, warum er Ihre Aussage als unfreundlich empfunden hat. Vielleicht war Ihre Tonlage eine Spur arrogant. Oder ihn hat die Formulierung gestört, die besser so lauten könnte: „Dafür ist bei uns Herr Meier zuständig, der weiß darüber sicher Bescheid. Darf ich Sie gleich durchstellen?"

Beim Smile-Watcher-Training im Team geht es immer darum, sich gegenseitig zu unterstützen, um immer besser zu werden. Ein gutes Anschauungsbeispiel war die Fußball WM in Südafrika. Favorisierte Mannschaften sind daran gescheitert, weil sie sich lieber stritten als zusammen zu spielen. In anderen sogenannten Teams gab es die Stürmer-Stars, die es nicht für nötig befanden, auch im Mittelfeld oder sogar in der Verteidigung auszuhelfen, wenn Not am Mann war. Ganz anders das deutsche Team. Da hat jeder für jeden gekämpft zum Wohle des Ganzen.

Der Hinweis zum Wechseln ist Hilfe für den anderen, um gemeinsam das Ziel zu erreichen. Das Ziel ist es, die Luft im Team und im Unternehmen von negativer Kommunikation zu reinigen. Machen Sie den anderen immer auf freundliche Art aufmerksam. Wirkt die Aufforderung nämlich hämisch oder schadenfroh, dann müssen Sie gleich als Nächster wechseln.

Vielleicht fragen Sie sich nun, was das mit dem Wechseln soll. Ganz einfach. Die Herausforderung besteht darin, es zu schaffen, den Smile Watcher 49 Stunden nicht wechseln zu müssen. Wohlgemerkt 49 Stunden am Stück! Wenn Sie es bereits 48 Stunden geschafft haben und Sie machen einen Lieferanten verbal einen Kopf kürzer, weil er die Einfahrt versperrt, dann heißt das wechseln und bei null Stunden wieder beginnen. Wenn Sie dann am nächsten Morgen bereits nach einer halben Stunde den Auszubildenden anmeckern, weil er gestern den Kopierer angelassen hat, wechseln und wieder von Null beginnen. Sie werden ja ganz blass um die Nase. Das zeigt uns, Sie haben das Prinzip verstanden. Wichtig ist noch, dass wir nur die Stunden während der Arbeitszeit zählen. Sie unterbrechen das Smilewatchen bei Feierabend. Am nächsten Tag, wenn Sie am Arbeitsplatz ankommen, zählen Sie einfach weiter. Haben Sie 49 Stunden am Stück geschafft, ohne zu wechseln, dann sind Sie Smile-Watcher-Finisher!

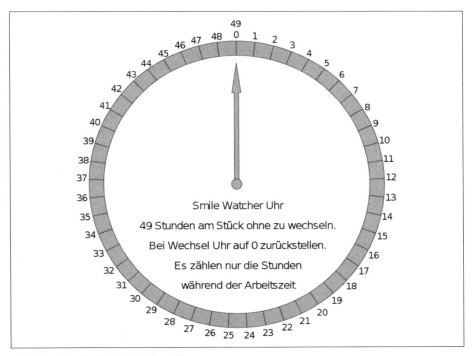

Abbildung 25: Die Smile-Watcher-Uhr
Quelle: METATRAIN GmbH, www.metatrain.de

Die Zeit vor Arbeitsbeginn und nach Dienstschluss nehmen wir aus, weil dort der Dschungelkampf tobt. Das ist das Terrain, auf das sich nur gestählte, erfahrene Smile-Watcher wagen, nämlich der Privatbereich. Da gibt es Partner, Kinder, Freunde und Freundinnen, Bekannte und was da noch alles so herumläuft. Deshalb sollten Sie zunächst Ihren Smile-Watcher-Finisher für den Arbeitsbereich machen, dann können Sie sich gerne in den Privatbereich wagen. Das ist zwar heftig, aber sehr erhellend, können wir aus eigener Erfahrung bestätigen.

Der Smile-Watcher funktioniert wie ein mentaler Anker. Sobald sie zu smilewatchen beginnen, wacht Ihr Machtprogramm auf. Es will ja immer gewinnen. Jedes Wechseln ist für Ihr Machtprogramm eine Niederlage, die es zu vermeiden gilt. Ebenso ist ein Wechseln für Ihr Lustprogramm nicht Lust, sondern Frust. Jede Unfreundlichkeitsklippe, die Sie erfolgreich umschiffen, ist dagegen ein Anlass, Glückshormone auszuschütten. Ihr Emotionshirn arbeitet also daran, Sie zu erinnern: „Vorsicht Unfreundlichkeitsfalle!" Gleichzeitig legt es vor jeder solchen Falle einen kurzen Stopp ein, um Ihrem Denkhirn die Chance zu geben, so zu reagieren, dass ein Wechseln nicht notwendig wird. Jetzt können Sie für diese Situation ein freundliches Programm bewusst aufrufen oder eben ein neues Programm entwickeln. Wenn Sie morgens zum Beispiel bisher die Türe zum Büro aufgemacht, nur ein brummiges „Mrgn" von sich gegeben und sich dann hinter den Bildschirm verkrümelt haben, dann kann es sein, dass Ihre Kollegen das als unfreundlich empfinden. Wechseln! Das nächste Mal, wenn Sie die Tür öffnen und sich das „Mrgn" bereits im Emotionshirn zusammenbraut, schreien Macht- und Lustprogramm gemeinsam: „Stopp!" Jetzt haben Sie die Chance, den Kopf zu heben, den Leuten ins Gesicht zu sehen und unter Aufbietung all Ihrer Kräfte ein „Guten Morgen zusammen" über die Lippen zu pressen, bei dem auch die Stimmmodulation noch einigermaßen freundlich klingt. Wenn Sie das längere Zeit so machen, haben Sie ein neues „Kollegenimbürobegrüßungsprogramm" im Emotionshirn trainiert und verankert. Wie in diesem vielleicht etwas banalen Beispiel funktioniert es auch bei komplexeren Kommunikationssituationen. Sie gewinnen Zeit, um mit dem Denkhirn, wenn nötig, zu korrigieren. Sie werden dadurch souveräner in Ihrer Kommunikation und sind Ihrem Emotionshirn nicht mehr hilflos ausgeliefert.

Allerdings gibt es noch eine Voraussetzung für den Erfolg des Smile-Watcher-Trainings: Sie müssen es wirklich wollen. Wenn Sie denken, dass das Quatsch ist, wird es nicht wirken. Sie sabotieren sich dann selbst, denn Ihr Emotionshirn wird gar nichts tun. Sie haben ihm ja gesagt, dass das alles sowieso nichts bewirkt.

Das Smile-Watcher-Training funktioniert nur, wenn Sie es wirklich wollen.

Eines noch. Wie Sie wissen, ist das Emotionshirn extrem schnell. Deshalb wird es Ihnen auch beim Smilewatchen immer wieder negative Sätze in den Kopf schießen oder Sie zu negativen Verhaltensweisen anstiften wollen. Solange Sie nur daran denken und es nicht aussprechen oder die entsprechenden Verhaltensweisen zeigen, müssen Sie auch nicht wechseln.

Wir hoffen, es werden noch viele weitere Trainingsprogramme entwickelt, die unser Denkhirn trainieren, mit dem Emotionshirn stärker in Kontakt zu kommen. Dann könnten wir endlich dieses schier unerschöpfliche Potenzial an Wissen anzapfen, das irgendwo im Kopf im Verborgenen arbeitet.

Stellen Sie sich zum Beispiel vor, wir könnten bei anderen Menschen bewusster lesen, ob sie uns anlügen oder uns freundlich gesonnen sind. Unbewusst können wir das bereits mit unserem Emotionshirn, obwohl ein menschliches Gesicht mit seinen 43 Muskeln bis zu 7 000 Gesichtsausdrücke produzieren kann und kaum wahrnehmbare Mikrobewegungen zeigt, die oftmals nur für eine Viertelsekunde aufblitzen. Es wäre doch gut, wenn wir die Fähigkeiten unseres Emotionshirns bewusster nutzen könnten. Grundsätzlich ist das möglich. Der Psychologe Paul Ekman hat nämlich bereits 1976 zusammen mit seinem Kollegen Wallace Friesen ein System entwickelt, das Gesichtsausdrücke kategorisiert. Sie nannten es Facial Action Coding System (FACS). Sieben Grundstimmungen, die sich auf dem Gesicht zeigen, filterten Sie damit heraus: Freude, Trauer, Wut, Angst, Überraschung, Verachtung und Ekel. Ein Training auf der Basis dieser Erkenntnisse führt dazu, dass man nicht nur mit dem Emotionshirn, sondern sehr gezielt und bewusst mit dem Denkhirn sozusagen aus dem Gesicht lesen kann. Wir denken, dass solches Wissen, das uns befähigt, beide Kompetenzbereiche unseres Gehirns besser auszunutzen, auf breiter Basis gelehrt werden sollte.

Service-Weltmeister nutzen die Möglichkeiten souveräner Kommunikation.

6 Wie Service-Weltmeister Innovationen schaffen

Innovation heißt in Deutschland meist technische Innovation. Das ist richtig und wichtig. So hat Deutschland lange Jahre die Weltmeisterschaft im Export gehalten, die nun an China verloren gegangen ist. Aber Wettbewerb hat bekanntlich schon immer Innovationen gefördert.

„Wenn ein Unternehmen auf Dauer bestehen und fortschrittlich bleiben will, gibt es nichts Schlimmeres, als keine Wettbewerber zu haben."
Robert Bosch

Es gibt unseres Erachtens für den deutschen produzierenden Mittelstand in Zukunft zwei Möglichkeiten, den Vorsprung zu halten. Zum einen ist das wie gehabt die technische Innovation. Hier gilt es immer, einen Schritt voraus zu sein. Wenn die Kopie aus China kommt, dann muss bereits ein neues, besseres Original marktreif sein. Die zweite Möglichkeit bezieht sich auf die Entwicklung innovativer Service-Dienstleistungen. Dass das die Zukunft ist, zeigte laut der Bain-Studie „Investitionsgüterhersteller" bereits die Krise 2008/2009. Denn, je konsequenter sich Investitionsgüterhersteller als Lösungsanbieter positionierten, desto besser kamen sie durch die Krise.

Insbesondere das produzierende Gewerbe in Deutschland steht da vor einer enormen Herausforderung. Es geht darum, die Maschine, die im Mittelpunkt steht, auf die Seite zu schieben und in diesen Mittelpunkt den Menschen zu stellen.

„Wir sind schon ein merkwürdiges Volk, wenn wir mit Freude Maschinen bedienen, aber jedes Lächeln gefriert, wenn es sich um die Bedienung von Menschen handelt."
Roman Herzog

Roman Herzog, der ehemalige Bundespräsident, formuliert natürlich sehr zugespitzt. Es stimmt aber, dass wir in Zukunft sehr viel mehr Energie darauf verwenden müssen, Menschen zu verstehen und nicht nur Technik zu beherrschen. Bisher ist gerade im technischen Bereich der Fokus immer noch zu sehr darauf gerichtet, technische Prozesse zu erforschen, anstatt menschliches Handeln und menschliche Beziehungen zu verstehen. Einer, der menschliche Emotionshirne bestens versteht, ist Steve Jobs. Er kreiert Produkte, die Menschen lieben. Dann baut er diese Produkte aus Komponenten zusammen, die er am Markt einkauft. Wir sehen ihn deshalb nicht als technologischen Marktführer, sondern als einen Marktführer, der die Menschen versteht. Viele Emotionshirne auf der ganzen Welt glauben heute, nicht mehr ohne iPod, iPhone oder iPad auskommen zu können. Dies sind alles Produkte, für die es am Markt technisch ausgereiftere und gleichzeitig günstigere Alternativen gibt. Steve Jobs hat aber vom „Apple der Erkenntnis" genascht und in einer Vision tiefen Einblick in die Emotionshirne der Menschheit erlangt. Manche Unternehmer würden jeden Sündenfall begehen, um auch von diesem Apple kosten zu dürfen.

6.1 Erfinden Sie Service-Dienstleistungen

Produkte müssen in Zukunft in Netze aus Service-Dienstleistungen eingewoben sein. Am Ende das Tages soll der Kunde den Service kaufen, die Produkte werden zusätzlich mitgeliefert. Das ist der Vorsprung, den es als Nächstes gegenüber den Kopier-Chinesen zu erarbeiten gilt. Dem Zeitalter der Produktorientierung folgte das Zeitalter der Marktorientierung. Jetzt ist das Zeitalter der Serviceorientierung angebrochen. Leider ist die Abteilung Service vor allem im produzierenden Gewerbe noch weit unter den Abteilungen Technik und Vertrieb angesiedelt. Ein Schritt, um die Abteilung Service aufzuwerten, wäre, ihr eine Forschungsabteilung Service anzugliedern. Diese Forschungsabteilung Service erfindet Service-Dienstleistungen, die in Zukunft einen hohen Prozentsatz des Umsatzes und des Gewinns ausmachen sollen. Es geht, wenn man nur will.

Bei der Firma Hilti wird bereits die innovative Dienstleistung angeboten. Als Bauunternehmer können Sie Maschinen monatlich mieten. Ein ganzes Paket an Services entlastet Sie von lästigem Verwaltungsaufwand und hält die Geräteflotte immer am Laufen.

> ● *Praxisbeispiel*
>
> *Konzentrieren Sie sich auf Ihr Kerngeschäft.*
> *Wir kümmern uns um Ihre Geräteflotte.*
>
> *Mit Hilti Fleet Management deckt ein fixer monatlicher Betrag alle Geräte-, Service- und Reparaturkosten ab. Das vereinfacht Ihre maßgeschneiderte Finanzplanung enorm und befreit Sie von lästigen Adminis-*

trationsarbeiten. Es gibt keine versteckten Kosten. Alle Geräte werden regelmäßig durch solche der neuesten Generation ausgetauscht, um stets den neuesten Sicherheitsstandards zu entsprechen und kostenintensive Stehzeiten zu vermeiden.

(http://www.hilti.com/holcom/page/module/home/browse_main.jsf;jsessionid=
0C975FC7728248117DB26A3E3DDB8024.node1?lang=de&nodeId=-8725)

Kennen Sie zufällig das Prinzip des Druckluft-Contracting? Es gibt Unternehmen, die benötigen für ihre Fertigungsprozesse Druckluft. Normalerweise kaufen diese Unternehmen Druckluft-Kompressoren, die meist ein erhebliches Investitionsvolumen verschlingen. Die Firma Kaeser bietet deshalb auch Druckluft nach Verbrauch an. In diesem Fall muss kein Druckluft-Kompressor angeschafft werden, sondern er wird gestellt. Nur die verbrauchte Druckluft wird abgerechnet. So kann man mit Luft Geld verdienen.

Wir warten immer noch vergeblich auf die Mobilitätskarte aus unserem Autohaus. Statt für ein bestimmtes Auto Leasinggebühren zu bezahlen, könnten wir mit der Mobili-Karte jederzeit andere Fahrzeuge im gleichen Preissegment nutzen. Dann holen wir uns im Sommer mal ein Cabrio, im Winter einen Quattro und ab und zu einen Transporter. Das wäre prima, wenn wir für eine Messe zusätzlichen Stauraum benötigen.

Warum gibt es so wenig innovative Service-Dienstleistungen? Es ist wie mit der alternativen Energie. Wären die Geld-, Forschungs- und Ingenieurressourcen, die bisher in die Atomenergie geflossen sind, in alternative Energien investiert worden, dann sähe es heute in diesem Bereich ganz anders aus. Wahrscheinlich hätte jeder einen relativ kleinen Energiewürfel auf dem Dach, der den gewonnenen Solarstrom im hauseigenen Energiespeicher einspeist, von dem man jederzeit Strom abrufen kann.

Die Frage ist, wohin die Energie fließt. Diesmal ist die menschliche Energie gemeint. Worauf konzentrieren wir uns? Was ist uns wichtig? Wohin geht unsere Wahrnehmung? Ein Teilnehmer einer Service-Weltmeisterschaft sagte einmal in einem Telefonat:

„Wir arbeiten zu viel im und zu wenig am Unternehmen!"
Teilnehmer Service-Weltmeisterschaft

Nun ist es gerade für den kleineren Mittelständler oft unerlässlich, im Unternehmen mitzuarbeiten. Ist auch gut so, solange er nicht ausschließlich im Unternehmen arbeitet und dabei die Arbeit am Unternehmen vergisst. Dann wäre er nämlich wie ein Kapitän, der mit den Matrosen Segel setzt, das Schiff reinigt und vielleicht sogar noch die Kartoffeln gemeinsam mit dem Schiffsjungen schält, dabei aber vergisst zu navigieren und zu steuern. Zwar kommt sein Schiff auch irgendwo an, fragt sich nur, wo das ist.

Service-Weltmeister nehmen sich bewusst die Zeit, am Unternehmen zu arbeiten. Einen Teil dieser Zeit verwenden wir darauf, in den Mastkorb zu klettern und nach Service-Innovationen Ausschau zu halten.

6.2 Halten Sie nach Service-Innovationen Ausschau

In einem kleinen Oberpfälzer Dorf begann vor 25 Jahren der Sohn eines Bauern damit, auf seinen Feldern in der Umgebung Weidenruten aufzustellen, Steinkreise zu legen, in der Nacht Harz zu verbrennen und zu allem mythische Geschichten zu erfinden. Sein Tun wurde von seinen Mitbewohnern im Dorf mit einem gewissen Argwohn betrachtet. Als ihn einmal ein Freund fragte, was er denn da treibe, antwortete er: „Ach weißt du, jeder Mensch hat einen Vogel. Manche pflegen ihn, manche pflegen ihn nicht. Ich pflege ihn." Heute ist er ein anerkannter Künstler, der in Museen ausstellt.

„Jeder Mensch hat einen Vogel. Manche pflegen ihn, manche pflegen ihn nicht. Ich pflege ihn." *Franz Pröbster Kunzel*

Pflegen Sie Ihren Vogel, dann legt er vielleicht einmal ein Innovationsei. Richten Sie Ihre Wahrnehmung auf Innovation, denn dann fließt dorthin auch ein Teil Ihrer Energie. Und dort ist sie gut angelegt. Das wirkt wie ein Auftrag, den Sie an das Unbewusste vergeben. Das Unbewusste arbeitet für Sie, auch wenn Ihr bewusstes Denkhirn gerade mit etwas anderem beschäftigt ist. Sie kennen das sicher in dem Fall, wenn Ihnen ein Name nicht einfällt. Sie bemühen erfolglos Ihr Denkhirn. In so einem Fall ist es am besten, sich mit irgendetwas abzulenken und nicht krampfhaft weiter zu suchen. Plötzlich und unerwartet fällt Ihnen der Name wieder ein. Ihr Unterbewusstsein hat weitergesucht und als es fündig geworden ist, hat es das Ergebnis an Ihr Denkhirn weitergeleitet. Heureka, ich hab's! Geben Sie deshalb Ihrem Emotionshirn den Auftrag, über Service-Innovationen nachzudenken.

Wo sind die Probleme des Kunden, wo kann ich Lösungen für ihn finden, was kann ich tun, um seinem Emotionshirn zu signalisieren, dass ich sein Leben leichter, spaßiger oder sicherer machen kann? Fragen Sie Ihre Kunden, vielleicht kommt die entscheidende Anregung für Ihr Emotionshirn aus einem Gespräch, einer Kundenbefragung oder bei einem Gläschen Prosecco mit Kunden beim Tag der offenen Tür. Sie können es auch so machen wie Bankdirektor Anthony Thomson: „Wir fragten Verbraucher, was sie an ihren Banken hassen, und machen nun genau das Gegenteil." Was ist das Gegenteil? Sieben Tage die Woche geöffnet zu haben und dies werktags durchgehend von 8 bis 20 Uhr. Die Mitarbeiter sind angehalten, mit den Kunden keinesfalls überheblich zu kommunizieren, Vorbild ist vielmehr das Verhalten von Mitarbeitern in amerikanischen Hotels oder Lebensmittelläden. Bankgeschäft als Einzelhandel. Keine Automaten, sondern Menschen, die Kunden beraten. In dieser Bank gibt es Leckeres wie Speck, Rührei, Grilltomaten und sogar für Vierbeiner ist mit Hundekeksen gesorgt. Mitarbeiter erhalten Ihren Bonus ausgerichtet an der Kundenzufriedenheit. Die Metrobank, erste Neugründung einer Privatkundenbank seit mehr als 100 Jahren, ist eine Mischung aus Hotel, Einzelhandel und Bank. Ziel ist es, Kunden mit US-amerikanischer Servicephilosophie zu umwerben.

Sprechen Sie mit Ihren Kunden über seine Wunschvorstellungen von Ihrem Unternehmen, über Probleme, Motive, Wünsche, Sehnsüchte und Träume. Stellen Sie dabei die Sensoren Ihres Emotionshirns auf innovative Service-Dienstleistungen. Lesen Sie zwischen den Zeilen, horchen Sie auf Feinheiten und ziehen Sie daraus Ihre Schlüsse. Oft sagt Ihnen der Kunde nämlich nicht direkt, welche bahnbrechenden Innovationen er sich wünscht. Nicht aus bösem Willen. Es ist ihm oftmals selbst nicht bewusst. Nur sein Unbewusstes, sein Emotionshirn weiß Bescheid. „Wenn ich die Menschen gefragt hätte, was sie wollen, hätten sie gesagt, ein schnelleres Pferd." So Henry Ford, der Autobauer. Lieber Herr Ford, das wäre doch eine prima Antwort gewesen. Sie zeigt die damalige Sehnsucht vieler Menschen, weite Strecken schneller überwinden zu können. Letztendlich hat Ford diese Sehnsucht aufgegriffen und ein schnelleres Pferd gebaut, aber eines aus Holz und Stahl, sein Modell T. Mit der Kundenorientierung war es damals allerdings noch nicht so weit her. Fragte ein Kunde nämlich nach den Farben, in denen das Auto zu haben sei, antwortete Ford: „Sie können jede Farbe haben, solange sie schwarz ist." Ford konnte sich das noch leisten, er hatte ja ein einzigartiges Produkt.

Mit Produkten können Sie sich kaum mehr abheben. Sie bekommen fast alles, fast überall. Trotzdem soll hier erwähnt werden, dass es manchmal noch Produktideen gibt, die durch die Gegend schwirren und für die man keine Entwicklungsabteilung braucht, um sie umzusetzen.

Jeden Samstag kommt zu uns um 8.30 Uhr der Bäcker aus einem kleinen Nachbardorf vorgefahren und hupt. Das ist Servolation. Das Emotionshirn muss am Samstagmorgen nicht zum Bäcker ins Dorf hinunter tippeln und dort einkaufen, sondern bekommt immer frische Backwaren direkt vor die Haustür geliefert. Vor ein paar Wochen lag mitten unter den Backwaren ein Brot, das besonders knusprig aussah. Auf unsere Frage, was das für ein Brot sei, antwortete der Bäcker stolz: „Ein Bierbrot." Er erklärte, dass statt Wasser bei diesem Brot Bier verwendet wird. Er hatte ein solches Brot bei einem Kollegen gesehen, der wollte ihm aber das Rezept nicht verraten. Da habe er selbst so lange experimentiert, bis ihm die Produktion gelungen war, und an diesem Tag hatte er das Bierbrot zum ersten Mal dabei. Wir kauften das Brot sofort und gaben dem Bäcker den Tipp, doch an seinem Verkaufswagen ein Schild anzubringen, das darauf hinweist, dass es dieses neue Brot überhaupt gibt. Wir empfahlen ihm auch, die örtliche Presse einmal zum Bierbrotbacken einzuladen zwecks kostenloser PR. Beides wird sicherlich nie geschehen. Vielleicht ist das für den Bäcker auch gut so, es muss ja nicht jeder so spinnen wie wir. Wenn wir nämlich der Bäcker wären, dann würden wir zunächst zu den örtlichen Brauereien laufen und mit denen verhandeln. Dann gäbe es für jede Brauerei mindestens eine Sorte Bierbrot. Die Brauereien würden das Brot für uns mitbewerben, wir würden es an die Gaststätten liefern, die mit der jeweiligen Brauerei einen Biervertrag haben. Dann würden wir nach und nach weitere Sorten aufnehmen. Als nächsten Schritt würde ein Internetshop aufgebaut. Dort gäbe es dann zu ausgewählten bayerischen Bieren das Bierbrot in einem schön gestalteten Karton mit jeweils einer Flasche Bier dazu. Nur auf Vorbestellung, exklusiv und teuer. Bald wären wir der Spezialist für Bierbrot bundesweit und könnten die Aufträge kaum mehr abarbeiten. Wir entwickeln deshalb ein Lizenzmodell für Bäckereien, die unser Bierbrot nach vorgegebenen Rezept herstellen und vertreiben dürfen. Als die ersten Anfragen aus dem Ausland kommen, gründen wir ... Wir könnten diese Geschichte endlos weiterspinnen, aber wir sind ja keine Bäcker.

Das Bierbrot gibt es anscheinend auch bereits bei anderen Bäckern. Keiner hat es aber bisher in unserer Region oder darüber hinaus geschafft, es in den Emotionshirnen der Menschen zu verankern. Gewinnen wird der, der das als Erster schafft.

Nach einem Vortrag beim Service Forum in Hann. Münden hat uns ein Teilnehmer auf den Fleischer Ulli Schuhmann aufmerksam gemacht. Ulli Schuhmann gehört zum Orden der Ritter der Rotwurst und eine seiner Spezialitäten sind Wurstpralinen. Wirklich mit Schoko drum herum!

- *Praxisbeispiel*

Original Mündener Wurstpralinen

An den Zeitgeist angepasste Köstlichkeit – im Shop bestellen (Die Entstehungsgeschichte)

Weil uns der Zeitgeist reif erschien, haben wir es gewagt, Wurstpralinen als köstliche Innovation im Gourmetbereich zu realisieren.

Es handelt sich um eine Zusammensetzung aus wertvoller schwarzer Schokolade mit Blutwurstfüllung oder mit Champagner- und Leberwurstparfait-Füllung und weiteren edlen Zutaten.

Wir wollten etwas Außergewöhnliches und bisher nicht Existierendes kreieren, das sowohl die Geschmacksknospen ambitionierter Feinschmecker anregt und auch derart ungewöhnlich ist, dass es große Aufmerksamkeit für unseren Betrieb und unsere Region erregt. Als Maxime für die Innovation galt, dass dieses Produkt eine weitere Maßnahme darstellt, die unser Geschäft als qualitativ hochwertiges Feinschmeckerparadies mit außergewöhnlichen Köstlichkeiten zwischen den „Gourmet-Tempeln" Frankfurt und Hamburg weiter etablieren soll.

Um den derzeitigen Status quo der Entwicklung unserer Wurstpralinen zu erreichen war eine Entwicklungsarbeit von etwa 1½ Jahren notwendig.

(http://www.schumann-feinkost.de/produkte/wurstpralinen.htm)

Wie weit man mit Wurstpralinen kommen kann, zeigte sich im Mai 2010. Fleischermeister Uli Schuhmann wurde von einer extra aus Frankreich angereisten Delegation zum ersten „Ritter der Academie des Confréries gastronomique de Normandie-Maine" geschlagen. Das ist ein französischer Genussnobelpreis. Frau Bundeskanzlerin Angela Merkel gratulierte dazu in einem Glückwunschschreiben. Sehen Sie sich auf seiner Internetseite www. schumann-feinkost.de die Mediathek an, und Sie werden staunen, was ein regionaler Metzger an PR auslösen kann. Da könnte sich manch ein Konzern eine Scheibe abschneiden. Darum: Pflege deinen Vogel, auf dass er irgendwann Wurstpralinen fallen lässt.

Differenzierung am Markt mit Produkten funktioniert in manchem Handwerksbereich noch, wenn es richtig gemacht wird. Ansonsten ist dies für kleine und mittelständische Unternehmen schwierig. Der Preis ist als Differenzierungsmerkmal ebenfalls ungeeignet. Es bleibt einzig der Service.

Abbildung 26: Herr Schuhmann wird zum Ritter geschlagen
Quelle: MB-Media Verlag/Antje Schumacher

Sie müssen sich differenzieren und von anderen abheben, sonst können Sie zumachen.

Exzellente, strategisch umgesetzte Servolation sowie innovative Service-Dienstleistungen sind dünn gesät. Obwohl wir in unseren Service-Weltmeisterschaften immer danach Ausschau halten, werden wir nicht allzu oft fündig. Es sitzen noch zu wenige Unternehmer in ihrem Mastkorb und halten Ausschau. Einige Beispiele, die wir kennen gelernt haben, stellen wir im Folgenden vor.

6.3 Beispiele für Innovationen

Einer der Pioniere und deshalb immer noch führend mit der Idee der Anlieferung von biologischem Gemüse ist die rollende Gemüsekiste, der Sieger der Service-WM in Augsburg. Parkplatz suchen – entfällt, Tüten schleppen – Fehlanzeige, Schlange stehen – Vergangenheit. Die rollende Gemüsekiste bringt alles ins Haus. Alles bio, logisch! Wenn der Kunde möchte, dann braucht er sich nicht einmal mehr Gedanken zu machen, was er morgen kocht. Es gibt eine Überraschungskiste zusätzlich mit leckeren Rezepten. Ihr Essen ist immer frisch und gesund und Sie sparen Zeit. Zusätzlich wird der regionale Gedanke gepflegt, weil ortsansässige Bio-Landwirte und Bio-Gärtner durch eine verbindliche Abnahme ihrer Produkte Produktionssicherheit haben. Eine geniale Idee, die viel Nutzen stiftet. „Wir haben kein Alleinstellungsmerkmal. Das gab es einmal. Den Lieferservice. Diese Idee gefiel auch anderen und somit sind wir nicht mehr die einzigen." So der Gründer des Unternehmens Hermann Haas-Hübsch. Da er sein Konzept und den Service immer weiterentwickelt, hält er seinen Vorsprung. Die rollende Gemüsekiste beliefert pro Woche 2 500 Privathaushalte. Das nennt man Erfolg. 36 Prozent der Neukunden kommen über Empfehlung. Das nennt man service-weltmeisterlich. Wir wünschen dieser Idee noch viele begeisterte Kunden!

● *Aus der Praxis*

Wer bringt die Gemüsekiste ins Rollen?

Unsere rollende Gemüsekiste steht seit mehr als 15 Jahren für eine zuverlässige und freundliche Lieferung frischer, genussvoller und gesunder Bioware direkt frei Haus – d. h. ohne jegliche Liefergebühren!

Hinter diesem tollen Service steht echte Kompetenz.

Bestehend aus Gärtnermeister Hermann Haas-Hübsch (er war jahrelang Betriebsleiter einer Bioland-Gärtnerei bei Augsburg) und seinem fleißigen Team, welches ihm hilft, die Bestellungen sorgfältig zusammenzustellen und auszufahren.

Die Zufriedenheit jedes einzelnen Kunden liegt der Familie Hübsch und dem Gemüsekisten-Team sehr am Herzen.

Daher zeichnen wir uns durch große Flexibilität, lösungsorientiertes Handeln und konkretes Eingehen auf individuelle Kundenwünsche aus. Unsere Kunden müssen sich nicht länger mit lästiger Parkplatzsuche, langem Anstehen an Kassen und anstrengendem Schleppen schwerer Einkaufstaschen abmühen. Wir übernehmen das!

Sie müssen zum Lieferzeitpunkt nicht einmal zu Hause sein! Unsere freundlichen Ausfahrer stellen Ihre Kiste am vereinbarten Ort z. B. vor der Haustür, in der Garage etc. ab.

(http://www.rollende-gemuesekiste.de)

Ein Abo mit flüssigem Obst, nämlich Wein, hat ein Sieger der Service-WM aus Aalen erfunden. Von Oktober 2005 bis zur Service-WM in der Ostalb im Juli 2009 hatte der Weinmarkt Grieser 1030 Kunden für diesen Service gewonnen. Für 20 Euro monatlich erhalten die Abonnenten jeweils drei ausgewählte Weine mit einer liebevoll gestalteten Expertise. Diese Expertise ist aber mehr als eine nüchterne Beschreibung, vielmehr ist es die Möglichkeit, das eigene Wissen zum Thema Wein ständig zu erweitern, eine Art Wein-Seminar sozusagen. Zudem entsteht eine intensive Kommunikation, ein Austausch unter Wein-Liebhabern. Im Abo tauchen auch immer wieder seltene und exklusive Weine auf, die am Markt so kaum zu haben sind, da sie in zu kleinen Mengen hergestellt werden. Erschwingliche Exklusivität ist damit im Wein-Abo inbegriffen. Kein Wunder, dass es sich inzwischen zu einem beliebten Geschenk entwickelt hat.

- *Aufgelesen*

Alle, die mich persönlich kennen, wissen um meine Begeisterung und Liebe zum Wein und um mein Bestreben, diese mit Gleichgesinnten und Weinfreunden zu teilen. Aus diesem Grunde kam mir auch die Idee zu diesem Wein-Abo.

Es ist eine geführte Probier-Reise durch die Welt des Weins. Ein Wein-Seminar, um sein Weinwissen zu erweitern und seine eigene Beurteilung zu schärfen. Die Weine werden mit Expertisen begleitet, wodurch Sie als Weinfreund jeden Monat eine Weinschulung mit einem besonderen önologischen Erlebnis verbinden können.

Einer unserer vielen Vorteile sind Direktimporte und insbesondere vorzügliche, meist sogar enge freundschaftliche Kontakte zu vielen Weingütern. Daraus ergeben sich immer wieder besonders gute und interessante Weine für unser Wein-Abo, die preislich weit über den Abo-Preis hinausgehen.

Oft bieten mir die Winzer auch kleine Chargen großartiger Weine an, die ich aber aufgrund ihrer zu kleinen Menge nicht in das Programm aufnehmen kann. Oder Weine, die auf den Weingütern zunächst nur zu Versuchszwecken angebaut wurden und künftige Trends im Weinbau und der Kellertechnik vorweg nehmen. Bisher gelangten solche Weine nur in meinen Privatkeller. Doch geteilte Freude ist doppelte Freude. Und so kann ich Sie im Rahmen des Wein-Abos ebenfalls daran teilhaben lassen.

Partizipieren Sie daher an dem Vergnügen, besondere Weine zu genießen – in Form dieses Wein-Abos!

(http://www.weingrieser.de/weinabo/index.htm)

Gemüse-Abo, Wein-Abo, wo bleibt das Brotzeit-Abo, nur so als Idee! Immer Mittags sind in den Metzgereien, Imbissstuben und heißen Theken die Brotzeitholer, wie wir in Bayern sagen, unterwegs. Warum können die Baustellen und Unternehmen der Region nicht bei einem Lieferservice per Handy oder Internet die Brotzeit bestellen? Die rollende Kantine! Gibt es so etwas schon? Wir haben es zumindest in unserer Region noch nicht gesehen. Wäre doch eine tolle Service-Innovation. All die Stunden, die die Brotzeitholer dann nicht mit Holen und Warten vergeuden müssen, könnten sinnvoller eingesetzt werden. Man sollte einen Volkswirt durchrechnen lassen, was das für das Bruttosozialprodukt bedeuten würde. Noch ein paar Beispiele gefällig?

Beispiel 1

Was halten Sie von einem Putenautomaten? Er steht seit Kurzem auf einem Geflügelhof im Unterallgäu. So können sich Kunden auch noch nach Feierabend für das Abendessen oder die Grillparty versorgen. „Pute to go" scheint zu funktionieren. Am Pfingstmontag 2010 standen Menschen Schlange vor dem Automaten, der mehrfach aufgefüllt werden musste. Grillsauce kann man übrigens gleich mit aus dem Automaten ziehen. Das ist doch ein wunderbarer Weg der Direktvermarktung. Eier- und Kartoffelautomaten soll es auch schon geben.

Beispiel 2

Drei Studenten aus dem niederbayerischen Passau kamen auf die Idee, jedem sein individuelles Bio-Müsli zu mischen und gründeten die mymuesli gmbh. Auf der Website www.mymuesli.com können Sie sich Ihr individuelles Bio-Müsli mixen: „Bio-Müsli wie du es magst, mymuesli ist ideal für Genießer, Rosinenhasser, Allergiker, Sportler und Vollblutökos. In unserem Müsli-Mixer kannst du dein Lieblingsmüsli aus über 80 Bio-Zutaten mixen." Man wählt die Müslibasis, dann die Zutaten. Wenn Sie verfeinern möchten, bitte sehr: Amaranth oder Dinkel gepufft oder vielleicht Quinoaflocken oder Plantago-Samen. Unter 10 000 Bestellungen finden sich nur etwa 42 identische Mischungen. Da haben die Jungs ganz schön zu tun. Die Individualisierung geht aber noch weiter: „Wie soll dein Müsli heißen? Hier ist Kreativität gefragt. Denn wir drucken die Namen deiner Müslis mit auf die Verpackung – so wird dein Müsli noch persönlicher. Andere Kunden haben ihr Müsli z. B. so genannt: Mähdrescher, Rentierfutter, Eherettungsversuch oder Esel und Kamel. Guten Appetit!"

Beispiel 3

Auch reine Service-Dienstleistungen funktionieren auf Abo-Basis. Was denken Sie zum Beispiel von einem Windelabo? Nein, wir meinen jetzt nicht die Plastik-Windel, die Sie sich zum Beispiel bei babyabos.de im Abonnement zusenden lassen können. Wir meinen das Abo einer Hebammenpraxis, die bei der Service-WM im schönen Labertal den dritten Platz erobern konnten. Den Hebammen war aufgefallen, dass viele Eltern aus ökologischen Gründen mit dem Gedanken spielten, wieder Stoffwindeln zu benutzen. Wer das einmal gemacht hat, weiß, dass das schon beim Wickeln eine nicht ganz geruchsfreie Herausforderung ist. Dann noch das Entsorgen der Hinterlassenschaft des jüngsten Familiensprosses und schließlich das Waschen, Trocknen, Zusammenlegen. Da ist eine Plastik-Windel schon viel praktischer und strapaziert die Sinne entscheidend weniger. Deshalb verzichteten viele Eltern trotz festem ökologischen Willen auf die Stoffwindel. Bis das Windel-Abo der Hebammenpraxis erfunden wurde. Damit wird auch die Stoffwindelvariante fast so komfortabel wie die Plastikwindelversion. Baby auf den Wickeltisch, Atmen einstellen, Windel öffnen, Wischwisch, Windeleimer auf, Windel rein, Deckel zu, Atmung wieder aufnehmen, Öltuch, neue Windel anbringen. Irgendwann wird der Windeleimer abgeholt und ein Stoß neuer, frisch duftender Windeln wird geliefert. Was verkauft die Hebammenpraxis? Richtig! Ein gutes ökologisches Gewissen kombiniert mit bequemer Abwicklung des gesamten Geschäfts.

Beispiel 4

Wollten Sie immer schon einmal im Büro Golf spielen? Ein Unternehmer aus Dresden gab uns bei einem Service-WM Forum in Leipzig seine Visitenkarte. Seine Idee: Mit Kunden, Geschäftspartnern, Mitarbeitern Golf in den eigenen Geschäftsräumen spielen. Also, wenn Sie ein Kundenevent planen, neue Geschäftsräume einweihen oder der Kommunikation im Büro neue Impulse geben wollen, dann Bürogolf. Googeln Sie. Vielleicht gibt es schon einen Bürogolf-Club in Ihrer Nähe.

Beispiel 5

Am 29. Juni 2010 titelt unsere Heimatzeitung: „Männer – die wollen doch nur spielen." Ein Spielzeugladen in Hannover bietet Männerabende an. Aus Herzenslust kann gespielt werden. Ein Kicker-Turnier, einen Modellhubschrauber steigen lassen oder vielleicht beim Rennen auf der riesigen Carrera-Bahn starten. Bis Mitternacht ist alles möglich. Haupt-

> sache, das Spielmodul im Emotionshirn des Mannes wird mit Belohnungsstoffen aus der hirneigenen Fabrik versorgt.

6.4 Entscheidend ist die Relevanz

Bei allen Beispielen, die wir bisher beschrieben haben, ist eines noch von entscheidender Bedeutung. Eine Innovation muss auch immer Relevanz für den Kunden haben und zum Beispiel eines seiner Probleme lösen. Sie können die Mega-Innovation erfunden haben, die in Ihrem eigenen Emotionshirn neuronale Feuerwerke zündet, wenn die Emotionshirne der Kunden darauf gelangweilt reagieren, dann behalten Sie Ihre wunderbare Innovation für sich und können jederzeit ungestört damit spielen.

Ende des letzten Jahrhunderts gab es zum Beispiel einen großen Hype rund um E-Learning, also das Lernen mit elektronischen Medien. Die CD-ROM war geboren und das Internet auf dem Vormarsch. Die Marktfantasien schossen ins Kraut – das Lernen der Zukunft hatte begonnen. Fachmessen wie die Learntec platzten aus allen Nähten und große Konzerne investierten große Summen in Lerninseln und Lernplattformen. Lernen unabhängig von Ort und Zeit, das war das Schlagwort. Das funktionierte auch ganz gut, in den USA zum Beispiel, weil dort eine andere Lernkultur vorherrscht oder in den skandinavischen Ländern, weil man sich dort erstmal kilometerweit durch elchverseuchtes Gebiet schlagen muss, um zum nächsten Seminar zu gelangen. In Deutschland herrscht dagegen eine andere, sehr eigene Lernkultur, und die Wege zum Lernort können durch eine gut ausgebaute Infrastruktur schnell überbrückt werden. Vor allem im Unternehmensbereich sitzen deutsche Emotionshirne viel lieber im Seminarraum als einsam am Abend vor einem Computer, auch wenn der noch so schöne Lernszenarien produziert. Das ändert sich mit der Googlefacebookiphone-Generation vielleicht gerade. Damals aber zeigten die Menschen in Deutschland dem E-Learning die kalte Schulter. Es war für sie nicht relevant. So verpuffte der sich selbst anheizende E-Learning-Hype wieder, und es gibt nur noch wenige Reste zu bestaunen, die in irgendwelchen Experten- und Forschungsbiotopen ihr Dasein fristen.

Wenn also Innovation, dann gepaart mit Relevanz, ansonsten ist sie unfruchtbar und wird es bleiben. Haben Innovationen Relevanz für den Kunden, dann müssen es auch nicht immer die großen Apple-Würfe sein. Kleine, regional wirksame Service-Innovationen können kleine, regional agierende mittelständische Unternehmen zu einzigartigen Unternehmen machen. Das Internet macht es zusätzlich möglich, diese Einzigartigkeit auch weit über die regionalen Grenzen hinaus zu verbreiten.

Ja, das bedeutet Veränderung. Aber Veränderung ist sowieso das bestimmende Merkmal der Märkte von heute. Wenn wir uns zu langsam diesen Veränderungen anpassen, dann bläst uns der Wind der Veränderung vom Markt. Der Chinese sagt: „Wenn der Wind der Veränderung weht, bauen die einen Mauern und die anderen Windmühlen." Bauen Sie Windmühlen, die die Zukunft für Ihr Unternehmen sichern.

„Wenn der Wind der Veränderung weht, bauen die einen Mauern und die anderen Windmühlen."

Chinesisches Sprichwort

Service-Weltmeister nutzen den Wind der Veränderung, um vorwärts zu kommen.

7 Wie Service-Weltmeister ins Kundenhirn schauen

Die moderne Gehirnforschung hat uns Einblicke in das Gehirn des Menschen gewährt. Vor allem die Magnet-Resonanz-Tomografen, wir nennen sie Gehirnscanner, kommen dabei zum Einsatz. Mit ihnen lässt sich feststellen, welche Gehirnregionen wann arbeiten. Bei entsprechendem Versuchsaufbau kann man ein stückweit ins Emotionshirn blicken. Hier noch einmal ein Beispiel dafür. Es ist ein Test zur Wirksamkeit von Warnhinweisen auf Zigarettenpackungen. Diese Warnaufkleber wirken, aber völlig anders als geplant. Bei Befragungen sagen zwar fast alle Probanden mit ihrem Denkhirn, dass sie durch die Warnhinweise abgeschreckt werden. Im Gehirnscanner ergaben die Aktivitäten im Emotionshirn aber ein anderes Bild. Das Lustprogramm schrie wie verrückt nach Zigaretten, wenn es die Warnetiketten sah. Das ist eigentlich ganz einfach erklärbar. Das Emotionshirn bildet nicht die Kette: Warnhinweis – Gefahr – Rauchen bleiben lassen. Es verbindet vielmehr wie folgt: Warnhinweis – Zigarettenpackung – Nikotin – her damit!

So konnten mit dieser Methode einige Trugschlüsse entlarvt werden. Andere Annahmen über die Wirkung von Marken, starken Bildern, emotionalen Geschichten, Farben, Formen, Geräuschen und Gerüchen wurden aber mithilfe von Gehirnscannern bestätigt und neue Erkenntnisse konnten gewonnen werden. Neuromarketing an sich und die Forschung auf der Basis der Gehirnscanner im Besonderen stecken aber noch in den Kinderschuhen. Es ist einfach sehr kompliziert, das Gehirn zu entschlüsseln. In einer rund 1,5 Kilo leichten gallertartigen, runzeligen Masse von der Größe einer doppelten Faust stecken mehr Nervenzellen als die Milchstraße Sterne hat, nämlich ungefähr 14 Milliarden. Manche Quellen sprechen sogar von 20 Milliarden oder gar 100 Milliarden. Einigen wir uns darauf, dass es sehr viele sind. Jede Nervenzelle soll noch dazu mit 10 000 anderen verknüpft sein. Sie können gerne einmal versuchen nachzurechnen, wie viele Kombinationen sich daraus ergeben. Viel Spaß!

- *Aufgelesen*

"Wir werden immer dümmer. Wie viele Nervenzellen verlieren wir täglich?

a) 500 – 1 000

b) 5 000 – 10 000

c) 50 000 – 100 000

d) 500 000 – 1 000 000

Antwort: Richtig ist: 50 000 bis 100 000 Nervenzellen täglich.

Der Verlust ist jedoch kein Grund zur Beunruhigung. Angesichts der Tatsache, dass das Gehirn etwa 14 000 000 000 Nervenzellen besitzt, reicht der Vorrat theoretisch immer noch für etwa 380 Jahre.

(aus Rainer Flindt: „Biologie in Zahlen", Spektrum Akademischer Verlag 2000)
(http://www.wissenschaft-online.de/artikel/575055)

"… unser Gehirn besitzt 20 Milliarden Nervenzellen …"

(www.hufelandschule.de/uploads/media/Einfuehrung_Tumortherapie.ppt)

"Schätzungsweise besteht das menschliche Gehirn aus 100 Milliarden bis zu einer Billion Nervenzellen."

(http://de.wikipedia.org/wiki/Nervenzelle)

Obwohl unser Gehirn ein so komplexes, weitgehend noch rätselhaftes Gebilde ist, können wir aus dem, was bereits erforscht ist, unsere Schlüsse ziehen. In der Praxis kann dies helfen, die richtige Richtung einzuschlagen. Die Richtung ins Emotionshirn des Kunden, zum Entscheider. Deshalb stellen wir hier zwei Methoden vor, an dieses Emotionshirn heranzukommen, die auch für kleine und mittelständische Unternehmen praktikabel sind, die keinen Hirnscanner im Keller stehen haben. Es sind dies die systemische Marktaufstellung und der Kunden-Kompass.

7.1 Die systemische Marktaufstellung

Die systemische Marktaufstellung ordnen wir dem Neuromarketing zu. Sie hat ihre Wurzeln in der Psychologie und hier konkret in der systemischen Familientherapie. Die Grundlagen der systemischen Familientherapie wurden in den USA bereits in den Sechzigerjahren des letzten Jahrhunderts gelegt, ihre Wirksamkeit wurde in Österreich und der Schweiz in den Neunzigerjahren offiziell bestätigt. Seit 2008 ist sie auch in Deutschland wissenschaftlich anerkannt. Eine Methode der systemischen Familientherapie ist die Systemaufstellung. Systemaufstellungen nutzen das wissenschaftlich nicht leicht erklärbare Phänomen der Stellvertreterwahrnehmung. Personen werden in einem Raum von einem ausgebildeten systemischen Therapeuten gruppiert und dann befragt. Je nachdem, wie die Antworten ausfallen, gruppiert der Therapeut um. So bilden sich dynamisch unterschiedliche Gruppierungen, die jeweils das System symbolisieren, das analysiert werden soll. Interessant dabei ist, dass die Stellvertreter oft erstaunlich präzise Gefühle artikulieren, Worte benutzen oder sogar Symptome zeigen, wie dies bei den „echten" Personen auch der Fall ist. So werden unbewusste Konflikte erkannt, die im System vorhanden sind und bei Personen, die dem System angehören, zu seelischen oder körperlichen Störungen führen können.

Die wirklichen Ursachen für diese Störungen werden erkannt, und man kann dort ansetzen, wo es Sinn macht. Man setzt nicht an den Symptomen an, sondern an den Ursachen. Soweit der psychotherapeutische Ansatz.

In der Wirtschaft wird die systemische Aufstellung in erster Linie im Coaching oder in der Organisationsaufstellung angewendet. In die Marktforschung hat sie, soweit wir recherchiert haben, noch kaum Eingang gefunden. Wir denken, das sollte sich ändern. Denn das Spannende an dieser Methode ist die Möglichkeit, über die systemische Aufstellung an Informationen aus dem Emotionshirn zu gelangen. Die systemische Aufstellung ist wie ein Steigrohr aus dem Unbewussten. Es ist der direkte Draht zum Entscheider in unserem Hirn. Zudem ist es im Vergleich zu anderen Marktforschungsmethoden eine schnelle und dabei kostengünstige Methode. Wir nennen die Anwendung der systemischen Aufstellung in der Markforschung die systemische Marktaufstellung. Das Vorgehen bei einer systemischen Marktaufstellung beschreiben wir hier kurz an einem Beispiel.

Einer unserer Kunden hat einen Veranstaltungssaal und ist unter anderem sehr erfolgreich im Bereich Hochzeiten. Die Termine für Frühjahr und Sommer sind bei ihm meist im Vorjahr ausgebucht. Deshalb bot er Paaren immer wieder eine Winterhochzeit an, damit meinte er eine Hochzeit mit einem Termin im November, Dezember, Januar oder Februar. Allerdings hatte sein Bemühen keinen Erfolg. Der Terminkalender für Hochzeiten in dieser Zeit blieb leer. Er entschied sich deshalb mit uns gemeinsam, einen neuen Anlauf zu starten. Wir schlugen zunächst eine systemische Marktaufstellung vor. Wir verpflichteten eine systemische Therapeutin und klärten im Vorgespräch unser Anliegen. Dies ist immer der erste Schritt.

7.1.1 Die einzelnen Schritte

1. Schritt: Zentrale Frage klären, Aufstellungsgruppe und Termin bestimmen

Zentral für das Gelingen ist die Fachkompetenz der systemischen Therapeutin/des systemischen Therapeuten (im Folgenden sprechen wir von systemischer Therapeutin, meinen aber gleichzeitig immer den Therapeuten). Wichtig ist vor allem, dass die systemische Therapeutin eine fundierte systemische Ausbildung vorweisen kann und über ausreichend Erfahrungen in der Aufstellungsarbeit verfügt. Es muss nicht unbedingt Erfahrung in der systemischen Marktaufstellung sein, denn die grundlegenden Werkzeuge bei den Aufstellungen gleichen sich. Mit diesen Werkzeugen gestaltet die Therapeutin die Aufstellung, deren Verlauf man nie vorhersagen kann. Es gibt kein starres Methodenkorsett oder einen festgelegten Ablauf, sondern es wird situativ entschieden, wohin die Reise geht. Die systemische Therapeutin reagiert immer wieder auf Informationen, die sie während der Aufstellung aus den Emotionshirnen von den Stellvertretern erhält und entwickelt so die Aufstellung weiter.

Beim Vorbereitungstreffen wird zunächst die zentrale Frage herausgearbeitet, die in der systemischen Marktaufstellung geklärt werden soll. Unsere Frage lautete: Was muss eine Winterhochzeit bieten, damit sie von den Kunden gekauft wird?

Nach Klärung der zentralen Frage wird festgelegt, wie viele und welche Personen an der Aufstellung teilnehmen sollen. Interessant dabei ist, dass es keine „echten" Beteiligten sein müssen. In unserem Fall waren also keine Kunden dabei oder Paare, die kurz vor der Eheschließung stehen. Das System der Aufstellung basiert, wie bereits erwähnt, auf Stellvertretern. Weiter sollte mindestens eine Person nur als Beobachter dabei sein und Protokoll führen. Zudem ist es hilfreich, wenn die Aufstellung für eine intensive Nachanalyse auf Video aufgezeichnet wird. Sind die Vorbereitungen abgeschlossen, wird ein Termin vereinbart.

2. Schritt: Systemische Marktaufstellung durchführen

Die systemische Marktaufstellung sollte in einem Raum stattfinden, in dem ausreichend Platz ist. Vor allem ist dafür zu sorgen, dass es zu keinen Störungen kommt. Jetzt ist die systemische Therapeutin gefragt. Sie beginnt mit der Aufstellung. Im folgenden Praxisbeispiel wird unsere Aufstellung zu Winterhochzeit erläutert.

Die systemische Therapeutin arbeitete zunächst mit einem sogenannten Bodenanker. Dazu legte Sie ein Blatt als Symbol für eine Winterhochzeit auf den Boden. Nun bat Sie Frau A. sich darauf zu stellen und fragte sie, was Winterhochzeit bei ihr auslöst. Die Überraschung war groß, denn wir hatten damit gerechnet, dass jetzt negative Bilder kommen, wie eine Braut, die friert, der Matsch auf der Straße, erkältete Gäste oder Ähnliches. Stattdessen geriet Frau A. geradezu ins Schwärmen. Sie erzählte von der Braut, die eingemummelt in einem weißen Pelz im Pferdeschlitten sitzt, von einem kerzenbeleuchteten Hochzeitssaal, von einer kuscheligen Atmosphäre und einer Gesellschaft, die freudig feiert.

Dann wurde gewechselt und Herr B. stellte sich auf den Bodenanker. Bei ihm kamen dann die erwarteten Reaktionen. Er sprach von negativen Bildern, von der Kälte, dem schlechten Wetter, davon, ob wirklich alle Gäste kommen, die weit anreisen müssen und ähnlich negativen Punkten.

Als dritte Person stellte die Therapeutin dann Herrn C. auf. Seine Reaktion war wie folgt: „Seltsam, ich habe gedacht, bei Winterhochzeit kommt bei mir vor allem Widerstand wegen des kalten Wetters und dem Matsch. Das möchte ich nicht bei meiner Hochzeit. Aber jetzt kommen eher positive Bilder hoch. Wie Sissi oder die Zarin bei einer Fürstenhochzeit im Winter. Bratapfelduft und Kerzen. Lauter positive Gefühle."

Im weiteren Verlauf der Aufstellung wurde herausgearbeitet, was an der Winterhochzeit glänzt, was daran positiv ist. Dabei wurde von den Kunden-Stellvertretern noch einmal bestätigt, dass die positiven Bilder warm und faszinierend wirken. Interessant war aber vor allem die Reaktion eines Kunden-Stellvertreters. Das Argument, dass die Braut im Winter nicht schwitzen muss, löste bei ihm negative Gefühle aus. Warum? Unser Gehirn kennt kein „nicht". Im Emotionshirn bleibt das Schwitzen hängen und das löst dann negative Gefühle aus. Ebenso passte das Argument nicht, dass im Sommer öfter Gruppen der Hochzeitsgesellschaft in den Biergarten gehen und so die Gesellschaft manchmal auseinandergerissen wird. Im Winter bleiben dagegen alle zusammen im Saal. Dies löste keine positiven Gefühle für die Winterhochzeit aus, sondern durch die Erwähnung des Biergartens kam ein Sommersonnenbiergartenfeeling auf. Die Winterhochzeit kann das nicht bieten und verlor so an Attraktivität.

So konnten durch Umgruppierungen und gezielte Fragen insbesondere aus der emotionalen Ebene Informationen für eine Produktneuausrichtung gewonnen werden.

3. Schritt: Nachbesprechung und Videoanalyse

Im dritten Schritt wird die systemische Marktaufstellung besprochen. Die Ergebnisse werden verdichtet und Schlüsse daraus gezogen. In unserem Fall war die wohl wichtigste Erkenntnis, dass entgegen der vorherigen Meinung nicht ein Rabatt oder zusätzliche Gutscheine die Winterhochzeit emotional positiver werden lassen. Im Gegenteil, diese Maßnahmen unterstützen nur den Widerstand. Wenn man für etwas Rabatt oder Gutscheine geboten bekommt, dann kann doch etwas nicht stimmen, sonst würde es ja auch ohne diese Lockmittel verkauft. Also muss die Sommerhochzeit doch viel besser sein als die Winterhochzeit. Auch das Aufzählen von negativen Punkten der Sommerhochzeit, die sich mit der Winterhochzeit vermeiden lassen, hat in der Aufstellung nichts gebracht. Einzig und allein positive, romantische Bilder hatten Wirkung, und zwar weit intensiver als gedacht.

Aus diesen Erkenntnissen heraus wurde entschieden, aus dem Aschenputtel Winterhochzeit eine Prinzessin zu machen. Zunächst wurde die Winterhochzeit in Romantikhochzeit umbenannt. Dann wurde der Zeitraum aufgewertet. Romantikhochzeit kann man eben nur in der romantischen Zeit feiern, in der es ruhiger ist und eher dunkel wird. Nur in dieser Zeit kommt die Romantikhochzeit richtig zur Wirkung. Folgende Zusatzelemente wurden bereits in der Nachbesprechung für die Romantikhochzeit entwickelt:

- Abholen der Braut in der Pferdekutsche/oder im besonderen Auto mit warmen Kuschelfellen
- Beleuchten des Saals mit einem Kerzenmeer
- Inszenieren des Ankommens bei verdunkelten Saal mit Kerzenlicht – Saaltüren geschlossen, dann Öffnen der Türen – romantische Musik (Song der eigenen Wahl) beim Einzug des Brautpaars mit der Hochzeitsgesellschaft
- Später am Abend Hochzeitsfeuer (Lagerfeuer) mit Punsch und Glühwein
- Herzen am Tisch mit der Aufforderung, einen Wunsch an das Brautpaar aufzuschreiben und dem Hochzeitsfeuer zu übergeben, damit die brennenden Herzen die Wünsche zum Himmel tragen

Weitere Ideen waren eine romantisch-individuelle Dekoration des Saals und eine der winterlichen Zeit angepasste Speisekarte. Die gesamte Servolation hat das Ziel, eine Braut einen Tag lang zur romantischen Prinzessin zu machen, zu Sissi, zur Zarin Katharina, zur Kronprinzessin Viktoria, die ihren Liebsten heiratet. Wenn Frau das gefällt, dann sagt Mann ja, und die Romantikhochzeit kann stattfinden.

Bei der beschriebenen Marktaufstellung war auch die Person anwesend, die die Romantikhochzeit verkaufen wird. Das hatte den großen Vorteil, dass diese Person mit dem Emotionshirn spüren konnte, wie die emotionalen Bilder wirken. So kann sie über diese Bilder im Verkaufsgespräch sehr viel emotionaler und damit intensiver sprechen. An dieser Stelle sei wieder einmal der alte Augustinus zitiert: „In dir muss brennen, was du in anderen entzünden willst." Wir erlauben uns dieses Zitat im Lichte der Erkenntnisse des Neuromarketings umzuformulieren:

„Dein Emotionshirn muss fühlen, was du einem anderen mitteilen willst."

4. Schritt: Umsetzung

Nun geht es an die Umsetzung. In unserem Fall war eine Service-WM der Startschuss für die neue Service-Leistung. Im Service-Journal wurde die Romantikhochzeit zum ersten Mal vorgestellt.

> ● *Aufgelesen*
>
> *Hochzeit wie im Märchen*
> **Neu:** *Romantikhochzeit im Berggasthof Sammüller ab Oktober*
>
> *Wie eine Prinzessin mit ihrem frisch angetrauten Gemahl betreten Sie den Festsaal, der mit Kerzen erleuchtet ist. Feierlich werden Sie von Ihrem ausgewählten Romantiksong empfangen. Die Saaldekoration, das Essen, genauso wie Sie es sich für Ihre romantische Hochzeit vorgestellt haben. Dann das Feuer im Garten, zu dem die Gäste ihre Herzenswünsche für Sie tragen und dann ... aber stopp, wir dürfen ja nicht alles verraten. Soviel aber sei gesagt, die Romantikhochzeit ist eine außergewöhnliche Hochzeit zu einer außergewöhnlichen Zeit. Buchen können Paare diese Hochzeit nur zwischen Ende Oktober und Anfang März, wenn es früh dunkel wird. Dann erst kann die Romantikhochzeit richtig wirken. Ein besonderer Zeitpunkt für eine besondere Hochzeit. Josef Sammüller freut sich bereits über die Nachfrage. Obwohl er die Idee eigentlich noch gar nicht publik gemacht hat, wurde die erste Romantikhochzeit im Herbst schon gebucht. „Die Romantikhochzeit ist ein echtes Highlight", meint er, „es kommt noch dazu, dass die Auswahl an Hochzeitsbands zu dieser Zeit groß ist und so die Wunschband spielen*

Abbildung 27: Romantikhochzeit
Quelle: Service Journal Neumarkter Tagblatt – Service-WM 2010

wird. Von der Romantikhochzeit werden die Gäste noch lange schwärmen."

(Service Journal 2010 Neumarkter Tagblatt)

7.1.2 Erfolgsvoraussetzungen

Wir möchten noch einmal betonen, dass für den Erfolg einer systemischen Marktaufstellung fundiertes systemisches Know-how und Handwerkzeug unabdingbar sind. Es gibt Methoden, die kann sich jemand, der im Coaching oder Training erfahren ist, aus der Literatur oder in einem Seminar selbst aneignen. Die systemische Marktaufstellung gehört nicht dazu. Es sollte zum einen ein Fachmann dabei sein, der über Beratungs-Know-how im Werbe-/Marketingbereich verfügt sowie ein systemisch ausgebildeter Therapeut. Wenn jemand beide Kompetenzen vorweisen kann, um so besser.

Für den Erfolg einer systemischen Marktaufstellung ist fundiertes systemisches Know-how unabdingbar.

Interessant bei der systemischen Aufstellung ist auch der geringe Zeitaufwand. Vorbereitung, Aufstellung und Nachbesprechung erstrecken sich auf insgesamt nur ein bis zwei Tage. Damit können sich auch kleine und mittelständische Unternehmen diese Marktforschung aus dem Bereich des Neuromarketings leisten. Mit dieser Methode können die unterschiedlichsten Fragen bearbeitet werden:

- Warum wird das Produkt nicht angenommen?
- Weshalb gibt es im Geschäft in der Stadtmitte einen Kundenrückgang?
- Was wünschen sich die Kunden von mir, damit sie länger bleiben?
- Wie muss ich das Produkt designen, damit es erfolgreich wird?
- Welche Dienstleistung brauchen meine Kunden am dringendsten?

Wir behaupten nicht, dass mit der systemischen Marktaufstellung diese Fragen mit hundertprozentiger Sicherheit und Erfolgsquote gelöst werden. Aber es werden Informationen direkt aus den emotionalen Bereichen erschlossen, die ansonsten vielleicht verborgen bleiben würden. Verborgen deswegen, weil sie nicht bewusst sind und damit auch nicht über das Denkhirn formuliert werden können. Deshalb gibt es bei systemischen Aufstellungen oftmals die überraschendsten Wendungen, Ergebnisse, Aha-Erlebnisse. Vor allem ist die Chance groß, den entscheidenden Knackpunkt zu finden, der die Bremse endlich löst, die den Erfolg bisher verhindert. Diese Bremse ist fast immer im Emotionshirn festgezurrt und damit verborgen. Wenn ich nicht weiß, was mich bremst, kann ich auch nicht dafür sorgen, dass der Hemmschuh beseitigt wird.

Die Methode der systemischen Marktaufstellung ist eine alternative Methode der Marktforschung. Sie können sie mit alternativen Methoden in der Medizin vergleichen. Alternative Methoden sind manchmal umstritten, wie die Diskussion zeigt, die im Sommerloch 2010 zum Thema Homöopathie geführt wurde. Zum Thema Homöopathie können wir allerdings aus eigener Erfahrung sagen, dass sie wirkt. Warum? Keine Ahnung! Das ist allerdings ein Umstand, mit dem sich wissenschaftlich orientierte Denkhirne nur schwer anfreunden können und wenn, dann nur heimlich. Ein uns bekannter Arzt hatte selbst Beschwerden und wirklich schon alles an Schulmedizin ausprobiert. Schließlich nahm ihn ein Kollege zur Seite und gab ihm den Tipp, zu einem ihm bekannten Heilpraktiker zu gehen. Dieser Arzt ist heute beschwerdefrei. Er hat uns das aber unter dem Siegel der Verschwiegenheit erzählt, um sich nicht den Anfeindungen seiner Kollegen auszusetzen. Sicher muss man genau hinsehen, wem man seine Gesundheit anvertraut, das sollte man aber bei den Schulmedizinern genauso tun. Und auch die Wissenschaft ist fehlbar und bringt manch überaus verwunderliche Ergebnisse zu Tage, wie zum Beispiel die zur Verhütung mit Cola.

● *Aufgelesen*

Verhütung mit Cola light

Hatten früher Bewohnerinnen eines katholischen Studentenheims in Puerto Rico eine Nacht in Sünde verbracht, wussten sie sich zu helfen: Eine Vaginaldusche mit Coca-Cola nach dem Coitus bewahrte sie vor unliebsamen Folgen.

Als die US-Ärztin Deborah Anderson, die heute an der Harvard Medical School in Boston an Verfahren zur Geburtenkontrolle arbeitet, von dieser eher unkonventionellen Verhütungsmethode erfuhr, erwachte ihr Forscherdrang. Sie wollte herausfinden, ob Cola Spermien lahmlegen kann. Dazu mischte sie mit einigen Kollegen mehrere Sorten der braunen Brause im Reagenzglas mit Sperma. Das Ergebnis: In Cola light waren nach einer Minute alle Samenzellen tot, gemeuchelt von der in dem Getränk blubbernden Kohlensäure. In der Variante „New Coke" aber schwammen 41 Prozent der Spermien noch lange munter umher.

Das denkwürdige Forschungsresultat, veröffentlicht im renommierten „New England Journal of Medicine", brachte Anderson nicht nur aka-

demische Ehren, sondern am vergangenen Donnerstag auch den diesjährigen IgNobel-Preis (von ignoble = schmachvoll, unehrenhaft) für Chemie ein. Sie muss ihn sich allerdings mit Kollegen von der Medizinischen Universität Taipei in Taiwan teilen. Diese hatten gerade das Gegenteil herausgefunden, nämlich dass weder Coca-Cola noch das rivalisierende Pepsi als Spermizide taugen.

(http://www.focus.de/wissen/wissenschaft/mensch/ignobelpreise-verhuetung-mit-cola-light_aid_337993.html)

Wir meinen, dass es an der Zeit ist, Denkverbote aufzuheben und neue, alternative Methoden anzuwenden, um Informationen aus dem Emotionshirn zu erhalten. Wenn schon das Emotionshirn die Entscheidungen trifft, dann sollten doch mehr und mehr Methoden entwickelt werden, die es ermöglichen, mit diesem Emotionshirn Kontakt aufzunehmen. Neue Zeiten fordern neue Wege, neue Offenheit für unkonventionelle Erkenntnisgewinnung. Alles andere ist Stillstand. Es ist an der Zeit, mehr Methoden zu entwickeln und zu nutzen, die es ermöglichen, Verborgenes im Emotionshirn zu finden.

7.2 Die Kundenbefragung

Eine weitere, eher konventionelle Methode, die Informationen aus dem Hirn des Kunden bringt, ist die Kundenbefragung. Wenn sie richtig durchgeführt wird. Leider stellen sich zu wenige mittelständische Unternehmen regelmäßig einer Kundenbefragung. Warum? Das hat bereits im 18. Jahrhundert Donatien-Alphonse Marquis de Sade formuliert:

„Die Wahrheit verletzt tiefer als jede Beleidigung."

Donatien-Alphonse Marquis de Sade

Nur wenn wir es wagen, der Wahrheit ins Auge zu sehen, uns von den Kunden den Spiegel vorhalten zu lassen, können wir uns am Kunden orientiert weiterentwickeln. Die Kundenbefragungen zeigen zudem, dass sehr wohl auch viele positive Rückmeldungen kommen, die einen eingeschlagenen Weg bestätigen.

Damit auch kleine und mittelständische Unternehmen die Chance haben, in diesen Spiegel zu schauen, haben wir auf der Basis der Erfahrungen aus unseren Service-Weltmeisterschaften den Kunden-Kompass entwickelt. Der Kunden-Kompass ist ein Befragungssystem, das die Richtung weist, in die sich ein Unternehmen erfolgreich entwickeln kann. Denn der Kunde und nur der Kunde weist die Richtung zum Erfolg.

„Ihre Kunden werden Sie früher oder später auf Kurs bringen. Entweder früher, dann auf Erfolgskurs, oder später, dann auf Konkurs!"
Peter Drucker

Service-Weltmeister justieren immer wieder den Kurs neu, damit sie auf Erfolgskurs bleiben. Vor allem dann, wenn sie bereits erfolgreich sind. Es geht dabei stets um eine emotional positive Beziehung zum Kunden. Deshalb ist im Kunden-Kompass die erste und wichtigste Frage:

- Wie wahrscheinlich ist es, dass Sie unser Unternehmen einem Freund, einer Freundin oder einem Kollegen/einer Kollegin weiterempfehlen?

Daraus ergibt sich der Kunden-Beziehungs-Index, der auf dem NPS, dem Net Promotor® Score beruht, auf den wir in unserem Buch „Service ist sexy" näher eingehen. Deshalb hier nur das Wichtigste.

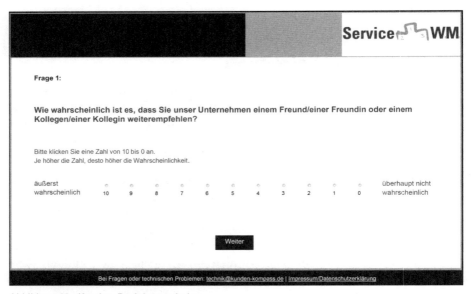

Abbildung 28: Kunden-Beziehungs-Index
Quelle: METATRAIN GmbH, www.metatrain.de

Die Frage nach der Weiterempfehlung zielt im Gegensatz zur Frage nach der Zufriedenheit oder Ähnlichem genau auf das Emotionshirn. Freunden oder auch Kollegen empfehle ich nur ein Unternehmen, dem ich gefühlsmäßig positiv gegenüberstehe. Ich möchte keine Störung der Beziehung riskieren, nur weil die Gefahr besteht, dass ein empfohlenes Unternehmen eine negative Leistung abliefert. Wie viel Prozent meiner Kunden hat zu meinem Unternehmen eine so starke Beziehung, eine so große Loyalität und so großes Vertrauen, dass sie mich Freunden oder Kollegen weiterempfehlen? An dieser Antwort macht sich dann die Qualität der Kundenbeziehung fest.

Weitere Informationen liefert der Kunden-Kompass durch vier zusätzliche fokussierende Fragen:

- Was waren die wichtigsten Gründe für Ihre Bewertung, die Sie in Frage 1 abgegeben haben?
- Welche Verbesserungen wünschen Sie sich von uns?
- Wie schätzen Sie unser Unternehmen gegenüber unseren Wettbewerbern ein?
  Bitte klicken Sie eine Zahl von 10 bis 0 an. Je höher die Zahl, desto besser die Bewertung.
- Sie haben uns gegenüber unseren Wettbewerbern eingeschätzt. Wo sehen Sie bei uns Verbesserungspotenzial gegenüber den Wettbewerbern?

So können Sie Ihren Kunden maßgeschneiderte Servolation und Service-Dienstleistungen bieten. Schon William Shakespeare wusste, dass das im Verkauf eher selten ist. Er soll gesagt haben:

„Der einzige Verkäufer, der sich vernünftig verhält, ist mein Schneider. Jedes Mal, wenn ich wiederkomme, nimmt er neu Maß."
William Shakespeare

Nehmen Sie Maß mit einer Kundenbefragung. Holen Sie sich immer wieder entscheidende Impulse, wie Sie Ihr Unternehmen in Richtung Erfolg ausrichten.

Hier noch einige Navigations-Daten aus den Kundenbefragungen, die wir im Rahmen der Service-Weltmeisterschaften durchführen. Kumuliert man ähnliche Begrifflichkeiten aus sämtlichen schriftlichen Feedbacks, dann ergibt sich folgendes Bild der Wünsche der Kunden:

30% freundliches Personal
24% Zuverlässigkeit
23% Beratung und Betreuung
13% Qualität der Produkte und Dienstleistungen
5% günstiger Preis
5% Sonstiges

Aus den Daten lässt sich auch filtern, welche Wünsche Kunden branchenbezogen haben. Auszüge daraus können Sie der folgenden Tabelle der branchenbezogenen Wünsche entnehmen.

	Freundlichkeit und Einfühlungsvermögen	Zuverlässigkeit	Fachliche Beratung	Qualität Produkte/ Dienstl.	Preis	Speziell
Handwerk allgemein		x	x			
Bestattungsinstitute	x		x			
IT/TK						
Baumärkte			x		x	Breites Sortiment
Finanzdienstleistung		x	x			
Gebäudereinigung		x		x		
Kaufhäuser	x		x			Breites Sortiment
Optiker	x		x			
Bäckerei/Metzgerei	x			x		
Fitnessstudios	x		x			Persönliche Betreuung
Gartencenter	x		x			Breites Sortiment
Schuhläden	x		x			
Küchenstudios		x	x			
Apotheken	x		x			
Autohäuser	x	x				
Hotel/Gastronomie	x			x		
Lebensmittelmärkte				x	x	
Pflegedienste	x		x			
Steuerberater			x			
Tanzschulen	x			x		Atmosphäre
Friseur	x			x		
Versicherung		x	x			
Immobilien		x	x			
Kliniken	x			x		
Reisebüro	x		x			
Behörden	x		x			
Nahrungsmittel Lieferservice		x		x		
HIFI Märkte			x		x	
Textilverkauf (Herrenmode/Damen)	x		x			

Tabelle 1: Die branchenbezogenen Wünsche der Kunden
Quelle: METATRAIN GmbH, www.metatrain.de

Die Wünsche der Kunden sind gleichzeitig Weiterempfehlungstreiber. Je besser sie erfüllt werden, desto höher die Wahrscheinlichkeit der Weiterempfehlung.

Service-Weltmeister justieren immer wieder den Kurs neu, damit sie auf Erfolgskurs bleiben.

8 Der Service-Navigator

Wenn Sie sich bis zu diesem Kapitel durchgearbeitet haben, dann ist in Ihnen vielleicht der Entschluss gereift, zum Thema Service in Zukunft mehr zu tun als bisher. Gratulation zu dieser Entscheidung! Allerdings sind Vorsätze so eine Sache. Da kommt das Alltagsgeschäft, dann die Ausstellung, dann dies und das und plötzlich löst sich der Vorsatz in Wohlgefallen auf. Oder man geht hochmotiviert an das Ganze heran und dann lässt man es wieder bleiben. Das ist so ähnlich wie mit dem Joggen, das man sich jeden Samstag vorgenommen hat. Beim Joggen ist es hilfreich, wenn die Freundin oder der Kumpel an der Ecke wartet. Das ist sanfter Druck für das Emotionshirn, uns in Bewegung zu setzen und die Sportschuhe zu schnüren. Im Sport bringt nur regelmäßiges Training Erfolg, gar nichts bringt es dagegen, sich ein einziges Mal zu verausgaben und bis nahe an den Herzinfarkt durch den Stadtwald zu rennen. Erst recht, wenn man einen gewissen Leistungsstand schon erreicht hat, heißt es regelmäßig trainieren.

Für exzellente Servicequalität gilt das Gleiche wie für Sport oder wie für das Lernen, über das Benjamin Britten gesagt hat: „Wenn man aufhört, treibt man zurück."

8.1 Servicequalität durch regelmäßige Optimierung

Eine regelmäßige Service-Optimierung können Sie mit einer ISO-Zertifizierung erreichen. Sie ist sinnvoll, wenn sie sehr praxisbezogen und soweit wie möglich bürokratiefrei durchgeführt wird. Aus unserer Tätigkeit im Bereich der ISO-Zertifizierungen wissen wir allerdings, dass für kleine und mittelständische Unternehmen der Zeit- und Kostenaufwand nicht unerheblich ist. Wir haben daher eine einfache und kostengünstigere Möglichkeit entwickelt, die vor allem kleine und mittelständische Unternehmen dabei unterstützt, ihren Service ständig zu optimieren und sich so von den Wettbewerbern abzuheben. Wir nennen diese Methode Service-Navigator.

Was macht ein Navigator? Ganz einfach, er ist für die Navigation verantwortlich. Und was bedeutet Navigation? Da sehen wir doch wieder einmal im allwissenden Wikipedia nach:

> ● *Aufgelesen*
>
> *Navigation ist die „Steuermannskunst" zu Wasser (Nautik), zu Land und in der Luft. Ihr Ziel ist, das Fahr- bzw. Flugzeug sicher zum gewünschten Zielpunkt zu steuern. Dem Steuern gehen zwei geometrische Aufgaben voraus: das Feststellen der momentanen Position (Ortsbestimmung) und das Ermitteln der besten Route zum Zielpunkt.*
>
> (http://de.wikipedia.org/wiki/Navigation)

Mit dem Service-Navigator können Sie Ihre momentane Position und die beste Route zur exzellenten Servicequalität bestimmen.

8.2 Drei Instrumente für die Service-Optimierung

Der Service Navigator bietet Unternehmen drei Instrumente:

- Mitarbeiter-Kompass
- Kunden-Kompass
- Internes Service-Audit

Um diese Instrumente bedienen zu können, brauchen Sie im Unternehmen einen Beauftragten für Servicequalität und einen Service-Qualitätszirkel. Vor allem aber, und das ist das Killerkriterium für das Gelingen der Serviceoptimierung, müssen der Chef oder die Chefin zu hundert Prozent dahinter stehen. Nur wenn die Unternehmensleitung voll hinter dem Anliegen steht, einen ständigen Prozess zur Optimierung der Servicequalität im Unternehmen durchzuführen, kann ein solcher Prozess als strategisches Instrument Früchte tragen. Servicequalität ist Chefsache!

Zunächst gilt es, einen Beauftragten für Servicequalität zu ernennen. Das klingt etwas hochtrabend, und einige sagen vielleicht, dass sie mit ihren wenigen Mitarbeitern zu klein sind für einen Qualitätsbeauftragten. Uns geht es aber nicht darum, ein neues Amt zu schaffen, sondern darum, dass jemand die Verantwortung trägt.

Steht der Qualitätsbeauftragte fest, dann wird als Nächstes der Qualitätszirkel gebildet. Im Qualitätszirkel sollte aus jedem Bereich des Unternehmens ein Vertreter dabei sein. Wenn Sie zum Beispiel ein Hotel haben, dann ist jemand aus der Küche dabei, jemand vom Service und jemand vom Housekeeping. Im Autohaus sitzt auf jeden Fall jemand aus dem Verkauf und jemand aus dem Kundenservice. Der Qualitätszirkel darf aber nicht zur Großveranstaltung werden. Drei bis fünf Personen reichen vollauf, je nach Unternehmensgröße. Dokumentieren Sie die Einsetzung des Qualitätsbeauftragten und des Qualitätszirkels schriftlich (vgl. Formular 1: Verbindlichkeitserklärung, S. 154).

Der Qualitätsbeauftragte führt einmal im Jahr eine Kundenbefragung, eine Mitarbeiterbefragung und ein internes Audit durch, wertet die Ergebnisse aus und entwickelt mit dem Qualitätszirkel gemeinsam Optimierungsvorschläge.

Beim Service-Navigator setzen Sie für die Kundenbefragung den Kunden-Kompass ein, den wir im Kapitel 7 beschrieben haben und den Sie sich bei Interesse in einer Testversion unter www.servicewm.de noch einmal genau ansehen können. Der Kunden-Kompass ist ein digitales System zur Kundenbefragung, das via Internet zugänglich ist. Sie können den Link zum Kunden-Kompass auf Ihrer Website einbauen und zusätzlich per E-Mail versenden. Bei vielen Unternehmen bietet es sich an, die Kundenbefragung zusätzlich parallel mit Bewertungskarten durchzuführen. Es hat sich bewährt, die Bewertungskarten im Längsformat (DIN lang) zu gestalten. Auf diese Weise können sie zum einen gut verteilt und zum anderen auch gut versendet werden, indem man sie beispielsweise der Rechnung beilegt. Die Bewertungskarten enthalten die gleichen Fragen wie der Kunden-Kompass. Die Ergebnisse aus den Karten werden vom Qualitätsbeauftragten in regelmäßigen Abständen in den Kunden-Kompass eingepflegt, um eine konsistente Datenhaltung zu gewährleisten. Viele Kundenbefragungen, vor allem im Bereich B to C, werden mit einem Gewinnspiel verknüpft, weil dann die Rücklaufquote höher ist. Da Sie für das Gewinnspiel Kundendaten brauchen, gestalten Sie die Bewertungskarte möglichst so, dass die Kundendaten vom Kunden selbst über eine Perforation abzutrennen sind. Wenn die Kunden dann beides getrennt zu vielen anderen Bewertungskarten in eine Box werfen, gibt das dem Emotionshirn des Kunden die Sicherheit, dass die Meinung anonym bleibt. Das bringt Ihnen ein ehrlicheres Ergebnis. Denn sobald das Emotionshirn argwöhnt, dass die Bewertung nachzuvollziehen ist, wird es die Meinung schönen, um präventiv negative Reaktionen zu meiden. Fühlt das Emotionshirn sich unbeobachtet, dann wird es auch eher eine ehrliche Bewertung abgeben, und nur solche Bewertungen bringen Sie wirklich weiter.

Zur Vorbereitung des Qualitätszirkels sichtet der Qualitätsbeauftragte die Ergebnisse vor allem im Hinblick darauf, ob es negative oder positive Häufungen gibt (vgl. Formular 2: Ergebnisse Kunden-Kompass, S. 155). Beschweren sich zum Beispiel viele Kunden über Parkplatzprobleme, dann gilt es, in diesem Punkt über kreative Lösungen nachzudenken. Wird vor allem gelobt, dass zuverlässig geliefert wird, dann gilt es, diesen Prozess noch zu verbessern. Ja, genau, Sie haben richtig gelesen, es geht genauso darum, Stärken zu stärken. Leider vergessen viele Unternehmen an den Stärken zu arbeiten und stürzen sich nur auf die Schwächen. Wenn Sie ein Kind in der Schule haben, das in Mathe sehr gut, aber in Englisch schwach ist, in welchem Fach geben Sie Nachhilfe? Klar, in Englisch. Ist auch gut so, denn es soll ja nicht sitzen bleiben. Allerdings geben wir oft zu viel Energie auf die Schwäche und zu wenig Energie auf die Stärke. Hat schon jemand daran gedacht, einem Schüler mit der Note 1 in Mathematik genau in diesem Fach noch zu fördern, beispielsweise durch Mathe-Nachhilfe? Wie könnte der Schüler sich entwickeln! Im Sport wird meist anders gedacht. Wenn ein Talent erkannt ist, dann wird genau dieses Talent gefördert. Nur so ist Spitzenleistung möglich. Leistungsdruck in Bereichen, in denen wenig Talent vorhanden ist, führt dagegen meistens zur Überforderung und damit eher zu Demotivation und Leistungsabfall. Deshalb gilt es im Qualitätszirkel genauso an den Stärken zu arbeiten wie an den Schwachstellen.

Der Mitarbeiter-Kompass ist ebenfalls für die Vorbereitung des Qualitätszirkels wichtig. Er enthält eine Mitarbeiterbefragung und ist wie der Kunden-Kompass via Internet zugänglich. Das gewährleistet wiederum Anonymität, was zu ehrlicheren Antworten führt. Aus diesem Grund raten wir auch, bei der Mitarbeiterbefragung von Printfragebögen abzusehen. Mitarbeiter könnten vermuten, dass es möglich ist, von der Schrift auf die Person zu schließen. Vielleicht sagen Sie, dass Sie es schätzen, wenn Ihre Mitarbeiter die Meinung offen sagen. Das ist sicher der beste Weg. Die Erfahrung zeigt aber, dass eine anonyme Befragung weit interessantere Ergebnisse bringt, da viele Menschen es nicht gewohnt sind, gegenüber Vorgesetzten klar ihre Meinung zu vertreten. Mit der anonymen Mitarbeiterbefragung schürfen Sie viel tiefer, da der eine oder andere gerne die Gelegenheit wahrnimmt, etwas anzubringen, das er schon lange einmal loswerden wollte.

Im Folgenden werden die Fragen des Mitarbeiter-Kompass vorgestellt. Im Original können Sie die Fragen in der Testversion des Mitarbeiter-Kompass einsehen. Die Testversion finden Sie wiederum bei www.servicewm.de.

- *Frage 1*

    Stellen Sie sich vor, Sie wären Kunde in unserem Unternehmen. Was denken Sie, wie wahrscheinlich ist es, dass Sie unser Unternehmen einem Freund/einer Freundin oder einem Kollegen/einer Kollegin weiterempfehlen?

    Bitte klicken Sie eine Zahl von 10 bis 0 an.
    Je höher die Zahl, desto höher die Wahrscheinlichkeit, dass Sie weiterempfehlen.

    Das ist die Weiterempfehlungsfrage aus dem Kunden-Kompass. Es ist interessant, diese Innensicht mit der Außensicht, dem Kunden-Beziehungs-Index, zu vergleichen.

- *Frage 2*

    Was waren die wichtigsten Gründe für Ihre Bewertung, die Sie in Frage 1 abgegeben haben?

- *Frage 3*

    Welche Verbesserungen würden Sie sich als Kunde wünschen?

    Auch in diesen beiden Fragen geht es darum, die ehrliche Innenansicht zu erfahren.

- *Frage 4*

    Beurteilen Sie uns als Arbeitgeber. Wie wahrscheinlich ist es, dass Sie unser Unternehmen als Mitarbeiter einem Freund/einer Freundin oder einem Kollegen/einer Kollegin weiterempfehlen, der/die eine Stelle sucht?

    Bitte klicken Sie eine Zahl von 10 bis 0 an.
    Je höher die Zahl, desto höher die Wahrscheinlichkeit, dass Sie uns weiterempfehlen.

    Diese Frage können Sie auch den Mitarbeiter-Beziehungs-Index nennen. Empfehlen Ihre Mitarbeiter Ihr Unternehmen als Arbeitgeber weiter? Aus Frage 5 erfahren Sie dann, was die Gründe für die Bewertung waren.

- *Frage 5*

    Was waren die wichtigsten Gründe für Ihre Bewertung in Bezug auf die Weiterempfehlung als Arbeitgeber?

Wie bei der Kundenbefragung sieht der Qualitätsbeauftragte die Ergebnisse nach negativen oder positiven Häufungen durch (vgl. Formular 3: Ergebnisse Mitarbeiter-Kompass, S. 156).

Der letzte Schritt für die Vorbereitung des Qualitätszirkels ist die Durchführung des internen Service-Audits. Das Service-Audit ist eine Überprüfung der Begegnungspunkte Ihres Unternehmens. Der gesamte Qualitätszirkel sieht sich jeden Begegnungspunkt unter folgenden Fragestellungen an:

- Wenn ich Kunde wäre, würde mir dieser Begegnungspunkt positive Emotionen geben?
- Wenn nein, warum nicht?
- Wenn ja, warum?

Ihr Qualitätszirkel kann dazu gerne das Formular Internes Service-Audit verwenden, das wir in diesem Kapitel mitliefern (vgl. Formular 4: Internes Audit, S. 157-161). Dieses Formular umfasst eine Reihe von Begegnungspunkten, die uns allgemein als wichtig erscheinen. Ergänzen Sie diese Liste um Begegnungspunkte, die auf Ihr Unternehmen, auf Ihre Branche zugeschnitten sind. Bei einem Friseursalon könnte die Sauberkeit der Spiegel aufgenommen werden, bei einem Internetversand sind natürlich der Internetshop und die Bestellabwicklung zentral und beim Einzelhändler in der Innenstadt wird das Schaufenster ein Schwerpunkt sein.

Als letzten Schritt der Vorbereitung vergleicht der Qualitätsbeauftragte die Ergebnisse aus dem Kunden-Kompass, dem Mitarbeiter-Kompass und dem internen Audit. Er sucht Überschneidungen und notiert die wichtigsten Punkte auf einer Liste (vgl. Formular 5: Ergebnisliste, S. 162). Danach ordnet er die Punkte nach Priorität. Sind diese Vorarbeiten geleistet, wird der Qualitätszirkel einberufen und die Liste im Hinblick auf die Priorität unter folgender Fragestellung Punkt für Punkt besprochen:

- Was können wir an diesem Punkt konkret tun, um zu optimieren?

Für jeden Punkt werden Optimierungsmaßnahmen vorgeschlagen und soweit möglich sofort die konkrete Umsetzung geplant (Formular 6: Optimierungsmaßnahmen, S. 163). Bei Optimierungsmaßnahmen, die die Zustimmung der Geschäftsleitung erfordern, wird diese eingeholt.

Beim nächsten Qualitätszirkel wird dann als erster Tagesordnungspunkt überprüft, wie weit die Umsetzung der einzelnen Punkte fortgeschritten ist.

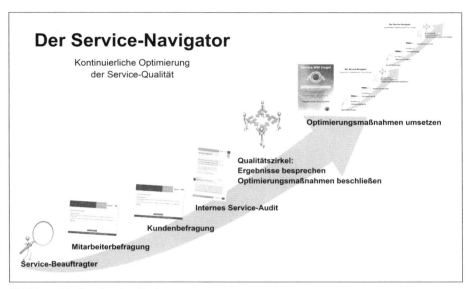

Abbildung 29: Der Service-Navigator
Quelle: METATRAIN GmbH, www.metatrain.de

8.3 Optimieren Sie Ihre Servicequalität wie die Service-Weltmeister

Die Optimierungsarbeit an einem Formel 1-Rennwagen wird daran gemessen, wie der Wagen im Rennen abschneidet. Auch ein guter Fahrer kann mit einem schlecht abgestimmten Fahrzeug nur schwer unter den Ersten landen, ein weniger guter Fahrer mit einem erstklassigen Auto aber weit nach vorne fahren. Mit dem Service-Navigator optimieren Sie Ihr Unternehmen für den Wettbewerb um den Kunden. Wenn Ihr Kunden-Beziehungs-Index dadurch einen definierten Zertifizierungswert erreicht, erhalten Sie das Siegel: Ausgezeichnete Service-Qualität der Service WM Deutschland. Ein Siegel, mit dem Sie gegenüber den Kunden Ihren Service-Vorsprung dokumentieren. Wenn Sie Interesse daran haben, Ihren Service-Vorsprung mit diesem Siegel zu zeigen, dann nehmen Sie Kontakt mit uns auf (www.servicewm.de). Im Folgenden werden alle Formulare vorgestellt.

Service-Weltmeister zeigen den Kunden ihren Service-Vorsprung vor dem Wettbewerb.

Die Strategie der Service-Weltmeister   Service WM

DER SERVICE NAVIGATOR

Formular 1: Verbindlichkeitserklärung

◄ Unternehmen

◄ Datum

◄ Service-Beauftragter

Die Unternehmensleitung hat sich zur Einführung des Service-Qualitätsmanagementsystems SERVICE NAVIGATOR entschlossen.

Ziel ist es, unsere Kunden mit exzellentem Service zu begeistern und innovative Service-Dienstleistungen zu bieten.

Wir stehen hinter diesem Ziel und werden den Optimierungsprozess nachhaltig unterstützen.

Die Geschäftsleitung

Ort   Datum   Unterschrift

© METATRAIN GmbH 2010 – www.metatrain.de   METATRAIN

Abbildung 30: Der Service-Navigator, Formular Verbindlichkeitserklärung
Quelle: METATRAIN GmbH, www.metatrain.de

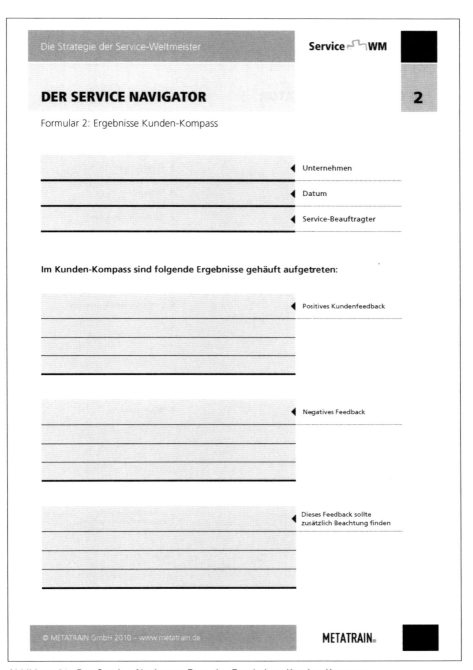

Abbildung 31: Der Service-Navigator, Formular Ergebnisse Kunden-Kompass
Quelle: METATRAIN GmbH, www.metatrain.de

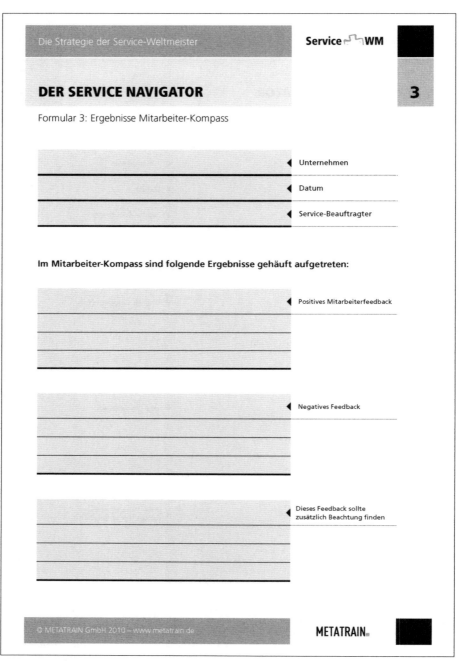

Abbildung 32: Der Service-Navigator, Formular Ergebnisse Mitarbeiter-Kompass
Quelle: METATRAIN GmbH, www.metatrain.de

Abbildung 33: Der Service-Navigator, Formular Internes Audit
Quelle: METATRAIN GmbH, www.metatrain.de

Optimieren Sie Ihre Servicequalität wie die Service-Weltmeister **157**

Die Strategie der Service-Weltmeister | Service WM

DER SERVICE NAVIGATOR

Formular 4: Internes Audit | Seite 2/5

Begegnungspunkte | **Bewertungstabelle**

02 Gepflegtes äußeres Erscheinungsbild der Mitarbeiter

10 9 8 7 6 5 4 3 2 1 0

Notizen

03 Freundliches und professionelles Verhalten der Mitarbeiter am Telefon

10 9 8 7 6 5 4 3 2 1 0

Notizen

04 Freundliche und professionelle Reklamationsbearbeitung

10 9 8 7 6 5 4 3 2 1 0

Notizen

© METATRAIN GmbH 2010 – www.metatrain.de

METATRAIN

Die Strategie der Service-Weltmeister Service WM

DER SERVICE NAVIGATOR

Formular 4: Internes Audit   Seite 3/5

Begegnungspunkte   **Bewertungstabelle**

05 Schnelle Bearbeitung von Kundenanfragen

10 9 8 7 6 5 4 3 2 1 0

Notizen

06 Schnelle Bearbeitung von Bestellungen

10 9 8 7 6 5 4 3 2 1 0

Notizen

07 Professionelles Erscheinungsbild des ausgehenden Schriftverkehrs

10 9 8 7 6 5 4 3 2 1 0

Notizen

Die Strategie der Service-Weltmeister   Service WM

DER SERVICE NAVIGATOR

Formular 4: Internes Audit   Seite 4/5

Begegnungspunkte   **Bewertungstabelle**

08 Emotional und professionell gestaltete Werbematerialien

10 9 8 7 6 5 4 3 2 1 0

Notizen

09 Emotional und professionell gestaltete Webseite

10 9 8 7 6 5 4 3 2 1 0

Notizen

10 Gepflegtes und ansprechendes Äußeres von Unternehmensgebäude / Büro / Werkstatt

10 9 8 7 6 5 4 3 2 1 0

Notizen

© METATRAIN GmbH 2010 – www.metatrain.de   **METATRAIN**

Die Strategie der Service-Weltmeister Service WM

DER SERVICE NAVIGATOR

Formular 4: Internes Audit Seite 5/5

Begegnungspunkte **Bewertungstabelle**

11 Angenehmer Empfangsbereich, Wartebereich, Besprechungsbereich, Sanitärbereich

10 9 8 7 6 5 4 3 2 1 0

Notizen

12 Gepflegtes, ansprechendes Äußeres von Fahrzeugen

10 9 8 7 6 5 4 3 2 1 0

Notizen

13 Ausreichend Parkplätze

10 9 8 7 6 5 4 3 2 1 0

Notizen

© METATRAIN GmbH 2010 – www.metatrain.de

METATRAIN

Optimieren Sie Ihre Servicequalität wie die Service-Weltmeister

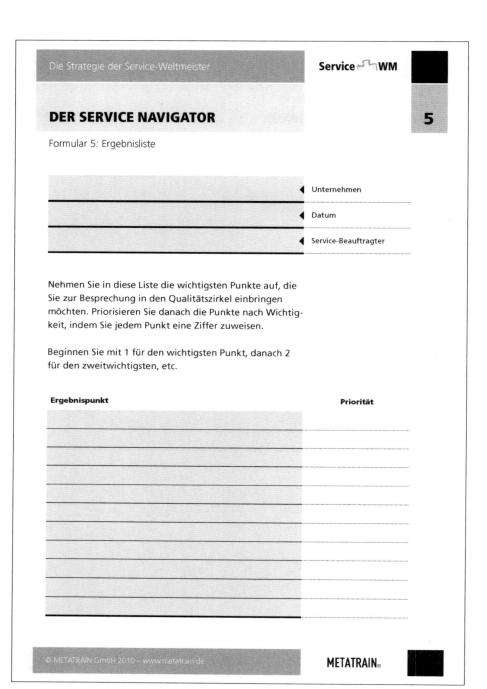

Abbildung 34: Der Service-Navigator, Formular Ergebnisliste
Quelle: METATRAIN GmbH, www.metatrain.de

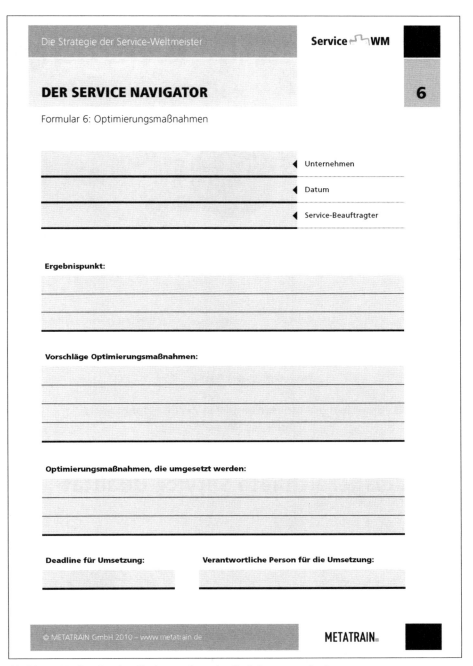

Abbildung 35: Der Service-Navigator, Formular Optimierungsmaßnahmen
Quelle: METATRAIN GmbH, www.metatrain.de

Optimieren Sie Ihre Servicequalität wie die Service-Weltmeister

Abbildung 36: Der Service-Navigator, Siegel
Quelle: METATRAIN GmbH, www.metatrain.de

Schluss: Schnappen Sie den Kairos!

Vor Kurzem haben wir in einer Talkshow einen sogenannten Pick-up Artist gesehen, der sein neuestes Buch vorstellte: „Der perfekte Eroberer". In dem Buch geht es darum, Frauen besser zu verstehen, um beim Flirten und Erobern erfolgreicher zu werden. Mit Erfolgsgarantie natürlich. Sicher gibt es irgendwo auch den weiblichen Pick-up Artist, die forscht, wie die Männer ticken, um den Richtigen aufzupicken.

Service-Weltmeister sind solche Pick-up Artists für Kunden. Sie beschäftigen sich intensiv damit, ihre Kunden zu verstehen, um sie dann so zu umwerben, dass langfristige Beziehungen entstehen. Im Gegensatz zu den Pick-up Artists im Privatbereich sind allerdings Service-Weltmeister an langfristigen Beziehungen interessiert. Langfristige Beziehungen, die beiden Partnern Nutzen bieten. Service-Weltmeister stimmen, zumindest im Bereich der Kundenbeziehung, mit der Definition überein, wie sie in der besagten Talkshow eine Teilnehmerin für einen guten Liebhaber gegeben hat: „Ein guter Liebhaber ist nicht der, der ständig neue Frauen ins Bett bekommt, sondern der, der es schafft, immer wieder die Gleiche verrückt zu machen." Das übertragen Service-Weltmeister auf ihre Kunden. Sie machen ihre Kunden mit Servolation immer wieder verrückt und feiern so viele Beziehungsjubiläen. Vor allem werden sie dadurch einzigartig und ziehen Emotionshirne an, die darauf brennen, bei ihnen zu kaufen, mit ihnen Geschäfte zu machen.

Solche Service-Weltmeister gibt es in jeder Region, in jeder Stadt. Leider sehen wir während unserer Service-Weltmeisterschaften aber auch viele Unternehmen, die gemeinsam mit vielen anderen ähnlichen Unternehmen, in ähnlichem Tempo, mit ähnlichen Produkten und Dienstleistungen immer die gleichen Runden drehen. Wem das gefällt, der mag das tun. Wer dabei glücklich ist, in Ordnung. Oft aber ist das Jammern und Zähneknirschen groß, weil die Kunden wegbleiben. Das Tragische dabei ist, dass viele der Unternehmen, die immer die gleichen Runden drehen, eigentlich alles hätten, um Kundenhirne anzulocken, um eine einzigartige Erfolgsstory zu schreiben. Man müsste nur etwas polieren, richtig positionieren und vor allem die Energie auf einen Punkt konzentrieren, dann würden diese Unternehmen richtig durchstarten. Das Potenzial ist da.

Machen Sie es wie die Service-Weltmeister. Geben Sie Ihrem Gehirn die Erlaubnis und den Auftrag, eine eigene, einzigartige Technik zu suchen, mit der Sie die Latte locker überspringen können, die die Kunden heutzutage sehr hoch legen. Arbeiten Sie am und nicht nur im Unternehmen. Servolieren Sie weltmeisterlich und halten Sie Ihr Gehirn vor allem immer offen für den Kairos, den griechischen Gott der günstigen Gelegenheit, der besonderen Chance und des rechten Augenblicks. Packen Sie ihn kräftig am Schopf, wenn er vorbeikommt. Schütteln Sie ihn, bis eine Service-Innovation herausfällt. Dann treten Sie zur Seite, damit Sie nicht von den Kunden überrannt werden, die durch Ihre Türe stürmen.

Diesen Erfolg wünschen wir Ihnen, und sollte das nicht Ihr Ziel sein, dann viel Erfolg in allem, was für Sie Erfolg bedeutet.

Mit herzlichen Service-Grüßen

Die Macher der Service-Weltmeisterschaft

JOHANN BECK und NORBERT BECK

Literaturverzeichnis

Vorwort

Der Flop, der zum Hit wurde
   http://www.faz.net/s/RubAEA2EF5995314224B44A0426A77BD700/
   Doc~E4EBEA273F6E04C94919CC5732508A122~ATpl~Ecommon~
   Scontent.html

Kapitel 1

Ein Hoch auf Murphy
   http://www.wissenschaft-online.de/page/fe_seiten?article_id=682117

IG-Nobelpreis 2008
   http://adhsinfo.wordpress.com/2008/10/03/ig-nobelpreis-2008/

IG-Nobelpreis 2009
   http://www.spiegel.de/wissenschaft/technik/0,1518,652800,00.html

Ursachen der ADHS
   http://adhs-muenchen.net/pages/adhs-info/ursachen-der-adhs.php

Wir nehmen wahr, was wir wahrnehmen wollen
   http://www.norbert-glaab.de/wahrnehmung.html

Häusel, Hans Georg: Brain View. Planegg/München 2008

Häusel, Hans Georg: Emotional Boosting. Planegg/München 2009

Traufetter, Gerald: Intuition – Die Weisheit der Gefühle. Reinbek bei Hamburg 2007

Packard, Vance: Die geheimen Verführer. Frankfurt/M./Berlin 1962
   http://www.n-tv.de/panorama/Testosteron-macht-blind-article21831.html

Göldenboog, Christian: Wozu Sex? Von der Evolution der zwei Geschlechter. München 2006

Warmbier, Werner: Der Programmierte Kunde. Berlin 2008

Greenfield, Susan A.: Reiseführer Gehirn. Heidelberg/Berlin 1999

Bauer, Joachim: Das Gedächtnis des Körpers. München/Zürich 2010

Kapitel 2

USA: Tote bei Schnäppchenjagd – MZ vom 01. 12. 2008 Weltspiegel
http://www.abgespeist.de/der_goldene_windbeutel_2010/die_kandidaten/index_ger.html
http://de.wikipedia.org/wiki/Manipulation

Leiden am Paris Syndrom, DIE ZEIT Nr. 51, 10. Dezember 2009

Schlechter Service beschert Milliardenverluste, direkt marketing 01/2010, S. 26
http://www.usnews.com/
http://arbeitsblaetter.stangl-taller.at/news/102/energieverbrauch-des-gehirns

Häring, Bettina: Commercial Friendship im Dienstleistungsbereich, Diplomarbeit zur Erreichung des Grades einer Diplomkauffrau, Ingolstadt 2007.

Im Kontakt mit dem Hirn des Kunden
http://www.welt.de/gesundheit/article1813120/Zehntausende_holen_sich_im_Krankenhaus_den_Tod.html
http://www.sueddeutsche.de/wissen/medizinische-fehler-erschreckende-selbstdiagnose-1.527998
http://www.focus.de/wissen/wissenschaft/mensch/ignobelpreise-verhuetung-mit-cola-light_aid_337993.html

Gladwell, Malcolm: Blink! Die Macht des Moments. München/Zürich 2005

Kapitel 3

North, A.C./Hargreaves, D./McKendrick, J. (1999): The influence of in-store music on wine selection, in: Journal of Applied Psychologie 84, S. 271-276.
http://www.werbepsychologie-online.ch/pdf/musik_uplawski.pdf

Milliman, R.E. (1982). Using background music to affect the behavior of supermarket shoppers. Journal of Marketing 46, 86-91

store®shops 05/2009 von Stefanie Hütz
http://www.lasard.de/beduftungsfehler.html

Stöhr, Anja: Air-Design als Erfolgsfaktor im Handel. Wiesbaden 1998
http://www.wdr.de/tv/quarks/sendungsbeitraege/2008/0226/004_einkaufen.jsp

Wrummm! DIE ZEIT Nr. 37, 4. September 2008, S. 74

Darf's ein bisschen Meer sein? DIE ZEIT Nr. 39, 18. September 2008

Immer der Nase nach. Mittelbayerische Wochenendausgabe Samstag/Sonntag 17. – 18. November 2007
http://www.zahnarzt-drhien.de
http://www.raumbeduftung.eu/IKEA-Dufttest.ikea_dufttest.0.html?&L=0

Kapitel 4

http://www.gujmedia.de/_content/20/56/205688/brigitte_macht_der_sympathie.pdf

http://www.eu-banking.de/50_plus.html

http://kress.de/mail/alle/detail/beitrag/105592-goldmedia-gastkolumne-von-jana-lipovski-frauen-und-social-media-sind-das-neue-traumpaar.html

http://www.n24.de/news/newsitem_5495316.html

http://www.gujmedia.de/_content/20/56/205688/brigitte_macht_der_sympathie.pdf

Harvard Business Manager, September 2009

http://www.salesbusiness.de/index.php?do=show&alloc=172&back=1&id=9251#

http://www.viralandbuzzmarketing.de/konsumentenbewertungen-geniessen-grosses-vertrauen/

DIE ZEIT Nr. 8, 18. Februar 2010

direkt marketing 09/2009

Hüther, Gerald: Männer – Das schwache Geschlecht und sein Gehirn. Göttingen 2009

Pinker, Susan: The Sexual Paradox. New York 2008

http://www.3sat.de/dynamic/sitegen/bin/sitegen.php?query_string=H%FCther&days_published=365&scsrc=1

http://www.haufe.de/SID141.L3N30kxHBBc/profirma/topIssueDetails?objectIds=1277204649.81&b_start:int=0&view=themeName

http://news.de.msn.com/politik/bilder.aspx?cp-documentid=154103118&page=1

http://www.beamtenkapital.de/aktuelles/2010/07/ergo-versichern-heisst-verstehen/

http://www.bsr.de/bsr/img_kampagnen/We_kehr.jpg

http://www.kuchlbauers-bierwelt.de/Kuchlbauer-Turm.28.0.html

Förster, Anja/Kreuz, Peter: Alles, Außer Gewöhnlich. Berlin 2007

Billen, Gerd: Ausgetrickst und angeschmiert. Frankfurt/M. 2009

Service Journal Traunsteiner Tagblatt – Service-WM 2010
Service Journal Hallertauer Zeitung – Service-WM eins-a2010

Kapitel 5

http://www.3sat.de/page/?source=/nano/bstuecke/65381/index.html

http://de.wikipedia.org/wiki/Nocebo-Effekt

http://www.insights.de/i_mdiachtpersoenlichkeiten.html

http://psychologie-news.stangl.eu/152/facial-action-coding-system-die-erfassung-der-mimik

Lindstrom, Martin: Buyology. Frankfurt 2009

Sterblich, Ulrike: Tüte oder so was. München 2010

Bowen, Will: Einwandfrei. München 2008

http://de.academic.ru/dic.nsf/dewiki/1455646

Stör Anja: Air-Design als Erfolgsfaktor im Handel (Forschungsgruppe Konsum und Verhalten). Wiesbaden 1998

Reimer, Anja: Duftmarketing für Dienstleistungsunternehmen – Studie, Institut für Marketing und Unternehmensführung. University of Southern California 2003

Weinberg, Peter/Salzmann, Ralph: Neuere Ansätze der Emotionsforschung aus Marketingsicht – in: Wiedemann, K. (Hrsg.), Fundierung des Marketing Verhaltenswissenschaftliche Erkenntnisse als Grundlage einer angewandten Marketingforschung. Wiesbaden 2003

! Senses – Internationale Studie über den Einfluss der fünf Sinne auf Markenwahrnehmung, Markenbildung und auf das Kaufverhalten. (2005)

Cialdine, Robert B.: Die Psychologie des Überzeugens. Bern 2007

Kapitel 6

http://www.ftd.de/unternehmen/finanzdienstleister/:ungewoehnlicher-koeder-bank-lockt-kunden-mit-hundefutter/50150881.html

http://www.n-tv.de/mediathek/videos/wirtschaft/Neue-MetroBank-feiert-in-London-article1166681.html

http://www.bain.de/home/presse/news_2010/bain-studie_zu_investitionsg%C3%BCterherstellern_%E2%80%93_mehr_service_f%C3%BChrt_zu_h%C3%B6heren_ums%C3%A4tzen_und_besseren_margen.htm

http://www.schumann-feinkost.de/produkte/wurstpralinen.htm

http://www.rollende-gemuesekiste.de
http://www.coiffeur-moderne.de/happyprincess/happyprincess.html
http://www.buerogolf-online.de/die-clubs/der-club-dresden.html
http://www.swp.de/ulm/nachrichten/wirtschaft/art4325,562371
http://www.mymuesli.com/bio-muesli/?sid=
　　94e904b00560fbe4582395ba7d2435f5

Kapitel 7

http://www.wissenschaft-online.de/artikel/575055
www.hufelandschule.de/uploads/media/Einfuehrung_Tumortherapie.ppt
http://de.wikipedia.org/wiki/Nervenzelle
Service Journal 2010 Neumarkter Tagblatt
http://www.focus.de/wissen/wissenschaft/mensch/ignobelpreise-verhuetung-
　　mit-cola-light_aid_337993.html

Kapitel 8

http://de.wikipedia.org/wiki/Navigation

Schluss

http://casanovacode.de/
http://www.mann-erobern.de/?gclid=CKajjJu4vaMCFQMFZgodT1N2eg

Die Autoren

Johann Beck

Der studierte Pädagoge ist seit mehr als 20 Jahren als Trainer und Coach tätig. 1993 gründete er mit seinem Bruder Norbert Beck die METATRAIN GmbH. Er realisierte verschiedene Projekte vor allem im Bereich Verkauf, Kommunikation und Präsentation für internationale Konzerne und mittelständische Unternehmen. Mehr als drei Jahre brachte er sein Know-how in der Leitung eines Campus der Fachhochschule für angewandtes Management ein und gab sein Wissen als Fachhochschuldozent weiter.

2006 erfand und startete er gemeinsam mit seinem Bruder die Service WM, die sich in kürzester Zeit zu einem einmaligen Erfolgsprojekt entwickelte. Die Essenz aus der Analyse der besten Unternehmen und der mehr als 100 000 Kundenbefragungen pro Jahr aus der Service WM gibt er als die Strategie der Service Weltmeister in Büchern und als gefragter Speaker weiter. Vor allem die fundierten und inspirierenden Vorträge des ausgewiesenen Experten für Kundenbegeisterung sind immer wieder ein Erlebnis.

Norbert Beck

Der diplomierte Wirtschaftsingenieur gründete vor 18 Jahren zusammen mit Johann Beck das Beratungsunternehmen METATRAIN GmbH. METATRAIN hat mit den Service-Weltmeisterschaften ein bundesweit einmaliges Dienstleistungskonzept für Zeitungsverlage entwickelt und kooperiert mit mehr als 50 namhaften Tageszeitungen in Deutschland. Für 1000 Unternehmen, die jährlich an den Service Weltmeisterschafen teilnehmen, wertet METATRAIN 100 000 Kundenmeinungen aus.

Norbert Beck ist Experte für Emotions-Marketing und einer der Erfinder der Service Weltmeisterschaft. Er leitete drei Jahre den Campus der Fachhochschule für angewandtes Management in Neumarkt mit Lehrtätigkeit im Bereich Marketing. Norbert Beck ist gefragter Key-Note-Speaker und Mitautor des im Gabler Verlag erschienenen Buches „Service ist sexy".

In seinen mitreißenden Vorträgen verbindet er Praxisbeispiele aus den Service Weltmeisterschaften mit neuesten Erkenntnissen der Gehirnforschung zur Erfolgsstrategie der Service Weltmeister.

Kontakt:

METATRAIN GmbH	Telefon: (09181) 32074-0
Dr.-Kurz-Straße 44	Fax: (09181) 32074-74
92318 Neumarkt i.d.Opf.	E-Mail: info@metatrain.de